Crônicas da Crise: Política, Sociedade e Educação no Brasil

Vol. 1: Política, governo, sociedade e pobreza

Simon Schwartzman

Apresentação

Estes três livros reúnem pequenos textos publicados na Internet[1] ou em jornais e revistas entre 2004, quando as políticas sociais e educacionais do governo Lula começam a ganhar forma, e 2017, em meio a uma crise política, social e econômica profunda, em que todos se indagam, ou deveriam se indagar, sobre o que deu errado na experiência desse período, e que alternativas temos pela frente. O crescimento da economia, a expansão dos gastos sociais, o vigor dos debates e das campanhas eleitorais, tudo isto criou a esperança, para muitos, de que o país finalmente estaria mudando de patamar, deixando de ser um país subdesenvolvido marcado pela pobreza, baixa produtividade econômica e instabilidade política, e se transformando em uma moderna democracia menos desigual e com uma população cada vez mais educada e produtiva. A educação, crescendo em todos os níveis e envolvendo recursos cada vez maiores, seria o grande instrumento para este salto de qualidade.

Eu também compartia a esperança de que isto seria possível, mas, desde o início, vi com muitas reservas as políticas sociais e educacionais que foram adotadas pelos sucessivos governos de Lula e Dilma, não só pelos equívocos que procurava identificar, mas sobretudo pelo contexto político mais amplo em que estas políticas se davam, e que não permitiam que elas fossem diferentes do que foram. Participei, nestes anos, de diversos

---

[1] http://www.schwartzman.org.br/sitesimon/

debates públicos sobre bolsa família, reforma universitária, política de cotas e a reforma do ensino médio, entre outros, sempre com a sensação de que, independentemente da qualidade dos argumentos, que não eram só meus, as decisões seguiam uma outra lógica na qual a pertinência das ideias não tinha muito lugar. Pode ser que a crise atual crie a oportunidade para construir uma nova lógica de implementação de políticas públicas, onde a evidência dos dados, o acúmulo de conhecimentos da literatura especializada e a força dos argumentos tenham mais espaço.

Ao longo destes anos, editei e publiquei vários livros e artigos, quase todos disponíveis no Internet Archive[2], aonde procuro tratar destes diferentes temas com mais detalhe e profundidade, mas que, pela sua natureza, não têm como transmitir o calor do debate destes textos menores. Para facilitar a leitura, dividi os textos em artigos em três volumes, o primeiro lidando com questões de política, governo, sociedade e pobreza; o segundo com questões de educação geral, média e profissional; e o terceiro com questões de educação superior, ações afirmativas, pós-graduação e ciência e tecnologia. Dentro de cada um, os textos estão agrupados por temas semelhantes, sem respeitar muito a ordem cronológica em que foram escritos

Rio de Janeiro, novembro de 2017.

---

[2] https://archive.org/details/simonschwartzman

Índice

Política e Governo

Leio no *O Globo* que começa hoje um ciclo de conferências inaugurado pela filósofa Marilena Chauí sobre "O Silêncio dos Intelectuais", "um dos eventos mais esperados das últimas semanas, que promete espalhar boas e oportunas reflexões". Leio também, na *Folha de São Paulo*, que "o presidente nacional do PT, Tarso Genro, disse nesta sexta-feira à noite que o PT vai voltar a incorporar a intelectualidade brasileira ao projeto estratégico do Partido. A afirmação foi feita após encontro de Tarso com cerca de 40 intelectuais e convidados na sede da Fundação Perseu Abramo, na Vila Mariana, em São Paulo. "

Ninguém me convidou para nada disto. Eu sempre quis ser intelectual, e nunca consegui. Quando entrei para a faculdade, em Belo Horizonte, morria de inveja de meus colegas intelectuais, Teotônio dos Santos e Flávio Pinto Vieira, que entendiam os filmes da *nouvelle vague*, escreviam nos jornais, publicavam poesias, e sobretudo participavam de festas fantásticas com mulheres lindas, em que, lá pelas tantas, todo mundo caía na piscina, e das quais eu só ouvia falar. Ao longo dos anos, fui aprendendo que ser intelectual não tem muito a ver com estudar, escrever e ter ídeias, mas com algo muito mais inefável, impossível de definir, que faz com que uns estejam sempre nos suplementos literários dos jornais e sejam convidados para grandes festas, e outros fiquem sempre de fora. Em algum momento, pensei que a explicação tinha a ver com frequentar certos bares, em Belo Horizonte, ou certos pontos na Praia de Ipanema, no Rio de Janeiro. Tentei estes caminhos, mas não fui muito longe: tenho pouca resistência à bebida, e minha pele é branca demais para aguentar o sol do meio dia do verão.

É por isto que não sei bem que silêncio é este do qual os intelectuais estão falando tanto, nem fui chamado a me incorporar ao projeto estratégico de nenhum partido. Continuo falando bastante e dizendo o que penso, embora meus leitores possam ser ainda menos numerosos do que os do Agamenon. Ou não.

Leio, com muito atraso, "Adiós muchachos: una memoria de la revolución sandinista" de Sérgio Ramírez, publicada em 1999. Sérgio Ramírez é um importante escritor nicaraguense, que participou ativamente da revolução sandinista desde seu começo, coordenando o que ficou conhecido como o "grupo dos 12", de apoio à Frente Sandinista de Liberación Nacional (FSLN), e integrou a junta de governo de 1979 a 1984, quando foi eleito vice-presidente com Daniel Ortega. Em 1996, depois de criar o Movimiento de Renovación Sandinista, de rompimento com o FSLN, foi candidato derrotado à presidência da república. Deste então, ao que consta, se dedica integralmente ao trabalho de escritor.

A história da revolução sandinista é como tantas outras. Havia na Nicarágua uma ditadura terrível e corrupta, apoiada pelos americanos, e a população pegou em armas para derrubá-la, em nome de nobres ideais, e à custa de muitas mortes e sacrifícios. Alguns anos depois, veio o fracasso, causado em parte pelo contexto internacional desfavorável, e em parte pelo fracasso das políticas sociais e econômicas do novo regime, assim como pela deterioração ética e moral dos princípios humanistas que haviam levado tantas pessoas à morte na guerra civil.

Quanto que o fracasso da revolução se explica pelas pressões externas, e quanto pelos próprios problemas? Não há dúvida que a atuação do governo Reagan, financiando os "contras" e bloqueando a Nicarágua, causou um grande dano. Mas Ramirez mostra também como a revolução já continha, desde o início, o germe de sua destruição. A começar pelo poder dos mortos sobre os vivos. Como diz ele,

> "El que ningún mérito pudiera compararse entre los vivos y el mérito mismo de la muerte, fue toda una filosofía que al momento del triunfo de la revolución asumió un peso ético aplastante. Los únicos héroes eran los muertos, los caídos, y a ellos se lo debíamos todo, ellos habían sido los mejores, y todo lo demás, referente a los vivos, debía ser reprimido como vanidad mundana" (p. 47).

E, mais adiante:

> "Al triunfar la revolución, ser un buen militante significó estar dispuesto a acatar el código de conducta establecido por los muertos: pero desde la jerarquía del partido, este código pasó a ser interpretado por los vivos. Fue cuando comenzó a burocratizarse la santidad".

É esta combinação de uma ética absoluta da santidade, típica da teologia da libertação, com o poder absoluto da hierarquia, típica do leninismo marxista, que vai marcar a atuação do governo sandinista em seus poucos anos de existência. Tudo era possível fazer, os inimigos deviam ser afastados e liquidados, e quem não estava ao lado da revolução era aliado do imperialismo e da burguesia. Ramirez lista uma série de erros fundamentais cometidos pelo governo, ao tentar coletivizar as terras, alienando os camponeses; ao tentar destruir a cultura dos índios miskitos; ao tentar comandar a economia por decreto, criando inflação descontrolada e desabastecimento; ao tentar empreender projetos grandiosos e inviáveis de estradas e aeroportos (a começar pelo grande aeroporto para operar os caças MIG que viriam da Rússia e nunca chegaram). Tudo isto criou um terreno fértil para os Contra, que não tinham somente o apoio da CIA, mas também dos camponeses e dos indígenas, sem falar nos empresários e nas classes medias, assustados e acuados.

No final, quando tudo estava perdido e era a hora de passar o governo para as mãos de Violeta Chamorro, veio "la piñata", a apropriação de propriedades e empresas públicas e nacionalizadas pelo movimento sandinista e seus lideres no momento de deixar o poder. Ramírez fala de suas longas discussões com Ortega e outros companheiros sobre a questão do direito à propriedade, que era visto como algo inaceitável desde a ética das catacumbas, mas que acabou se transformando na base de sustentação do novo Ortega que, anos mais tarde, voltaria a ser eleito presidente da Nicarágua.

Dentro do movimento sandinista, primeiro, e fora dele depois, Ramírez fez o possível para fazer da Nicarágua uma sociedade que respeitasse a memória e os valores de seus mortos, mas que também evitasse a ditadura, a onipotência e a corrupção dos vivos. A lição que fica, me parece, é que isto só pode ocorrer, quando ocorre, em uma verdadeira democracia.

Chile, descolando da América Latina (2006)

Com o PIB mas alto da região, segundo relatório recente do FMI, o Chile deixa cada vez mais de ser um país "latino-americano", e se transforma em um país moderno e desenvolvido. Isto se vê com facilidade andando por Santiago, com a arquitetura moderna dos bairros altos, a recuperação do centro histórico, a modernização dos transportes urbanos e as obras rodoviárias por toda parte; e as ruas cheias de gente fazendo compras e enchendo bares e restaurantes, tanto na região elegante da Providencia como na parte antiga da Plaza de Armas e do Mercado Central. Os índices de pobreza no Chile vêm caindo a cada ano, e a distribuição dos gastos sociais é uma das melhores da região. A zona da antiga e decadente Avenida da República é hoje uma área fervilhante de universidades e institutos técnicos privados, frequentados todos os dias por mais de 50 mil estudantes, sem falar nas universidades tradicionais como a do Chile e a Católica. Até as águas do Rio Mapocho parecem correr mais limpas. Com a proximidade da festa nacional de 18 de setembro, as ruas se enfeitam de bandeiras, e por toda parte se fala da comemoração da "Chilenidad".

Também há problemas, e muitos. No dia 11 de setembro, aniversário do golpe de Pinochet, grupos de extrema esquerda encapuzados atacaram lojas e repartições públicas com bombas Molotov, uma delas provocando um incêndio no palácio presidencial de La Moneda; uma greve dos serviços médicos havia paralisado o atendimento à população; e professores e estudantes das escolas municipais ameaçam com greves e mais manifestações, enquanto o governo tenta resolver os problemas através de comissões de trabalho e negociações que parecem não terminar. Na última década, o governo chileno aumentou muito os investimentos em educação, o ensino médio está praticamente universalizado, a jornada completa se expande rapidamente por toda a rede escolar; mas os resultados do Chile no teste de Pisa são quase tão ruins quanto os do Brasil ou do México.

Em que medida o que acontece hoje no Chile, de bom e de ruim, tem a ver com as reformas liberais introduzidas durante regime Pinochet? Estas reformas foram mantidas, com modificações, pelos governos de centro-esquerda da Concertación, e o consenso do país, inclusive nos governos socialistas de Lagos e Michelle Bachelet, é que não faz sentido voltar aos velhos tempos, de uma sociedade burocratizada e paralisada. O Chile tem hoje a economia mais competitiva da América Latina, aonde se pode, com mais facilidade, abrir e fechar um negócio, e aonde a abertura ao comércio internacional é maior. Este tipo de economia tem também seus perdedores, e isto explica, talvez, a virulência dos ataques da extrema esquerda, apesar do grande apoio da presidente Michelle Bachelet entre a população.

E existe também o cobre, cujo preço no mercado internacional aumentou enormemente nos últimos anos, gerando grande quantidade de recursos, ao lado das indústrias de exportação como o vinho, as frutas e o salmão. Mas o Chile, diferentemente de outros países que se enriqueceram com o petróleo, investe a longo prazo e cuida para que a riqueza do cobre não inflacione a economia nem sobrevalorize a moeda, evitando, desta forma, a "doença holandesa" que é a praga dos países que se enriquecem desta maneira.

Mas o mais importante de tudo, talvez, seja a maturidade política que sempre existiu no país e que, de alguma maneira, sobreviveu aos anos de chumbo da ditadura, e hoje é, possivelmente, a principal diferença entre o Chile e a maioria dos outros países do continente. Os partidos políticos têm princípios e programas, os políticos são pessoas honradas, há pouca corrupção e pouco espaço para o populismo barato que conhecemos tão bem. Temas controversos – como a política de distribuição da "pílula do dia seguinte" para adolescentes, a reforma da educação, ou as relações sempre difíceis com a Argentina – são discutidos de forma civilizada pela imprensa, o judiciário é independente e acatado e, com a exceção da extrema esquerda alienada, todos respeitam e valorizam as instituições e os processos democráticos de decisão.

Que dá inveja, dá . . .

A questão da ética na política (ou, o que havia de errado com a UDN? (2006)[3]

Na última campanha eleitoral, a oposição levantou a bandeira da moralidade na política, que pode ter sensibilizado a muitos, mas não o suficiente para convencer a maioria dos eleitores a mudar seus votos. Ainda hoje, pessoas que insistem no tema da ética e da corrupção no trato das coisas públicas são acusadas de "udenistas", expressão que pode não fazer muito sentido para quem tem menos de 50 anos, mas lembra as campanhas da antiga União Democrática Nacional, com Carlos Lacerda, Aliomar Baleeiro e a "banda de música" dos políticos que faziam oposição a Getúlio, primeiro, e a Juscelino Kubistchek depois. Nos anos 50, um artigo famoso *nos Cadernos de Nosso Tempo* interpretava o moralismo udenista como uma manifestação da alienação das classes médias em relação às transformações que ocorriam no país, das quais elas não participavam[4]. A própria palavra "moralismo" já trazia

---

[3] Texto preparado para a V Jornada de Ciências Sociais, mesa redonda "Sociedade Brasileira e Poder". Belo Horizonte, UFMG, novembro de 2006. Publicado em Renarde Freire Nobre, organizador, *O Poder no Pensamento Social – Dissonâncias*, Belo Horizonte, Editora UFMG, 2008. Agradeço as críticas e comentários de Antônio Octávio Cintra, Elisa Reis, Fábio Wanderley Reis e Osmar Perazzo Lanes a uma primeira versão deste texto.

[4] Cadernos de Nosso Tempo. 1979. "O Moralismo e a Alienação das Classes Médias (1954)." In Simon Schwartzman (editor) *O Pensamento Nacionalista e os "Cadernos de Nosso Tempo"*. Brasilia: Universidade de Brasilia.

uma desqualificação, que era depois explicitada: a perspectiva moralista, no melhor dos casos, era ingênua, porque supunha que a ética da política devia ser igual à ética das relações pessoais, e não tomava em conta a realidade da tensão entre meios e fins que, desde Maquiavel, inerente à ação pública. E além disto, era frequentemente hipócrita: as vestais udenistas eram também as "vivandeiras" que frequentavam os quartéis e conspiravam contra o regime democrático e o direito das maiorias de escolher seus líderes. Em última análise, o moralismo era somente uma arma política como qualquer outra, e o que importava eram os resultados das ações dos governantes, e não os detalhes de seu comportamento ético e moral.

De fato, não é muito difícil desconstruir a ética moralista. O caminho do inferno está cheio de boas intenções, e todos que viram Gerard Dépardieu em "Danton" sabem de Robespierre e das cabeças que rolaram em nome de seus rígidos princípios. As leis, sobretudo em um país como o Brasil, estão longe de ser perfeitas, e é quase impossível obter resultados Importantes na ação pública obedecendo às formalidades estritas da legislação. Se Maquiavel é forte demais para ser invocado, sempre podemos citar a Max Weber e a ética da responsabilidade, como faz Fernando Henrique Cardoso em suas memórias[5]: o homem público não pode se contentar com a pureza de suas intenções e a obediência ao formalismo às leis: em última análise, ele será julgado pelos resultados que conseguir. A política, em um regime

---

[5]Cardoso, Fernando Henrique, e Ricardo A. Setti. 2006. *A arte da política: a história que vivi*. Rio de Janeiro: Civilização Brasileira.

democrático, exige alianças, acordos, trocas de favores e benefícios, e nem sempre podemos escolher nossos aliados. A ética privada, seja em relação a sexo, que tanto preocupa os americanos do Norte, ou ao dinheiro, que preocupa mais os brasileiros, não é um bom preditor dos resultados da vida pública. Todos, afinal, cometemos pecados maiores ou menores em nossa vida quotidiana.

E no entanto, não é possível concluir, a partir daí, que questão ética não tem importância, e que a vida pública deve ser entendida como um vale-tudo, na disputa pelos interesses das diferentes pessoas e grupos sociais. O que havia de errado na UDN não era sua preocupação com a ética, mas sua incapacidade de entender e formular um projeto de organização da sociedade e do próprio sistema político que incentivasse os valores éticos, e não os comportamentos oportunistas e predatórios que caracterizam muito de nossa vida pública. Não é que, se ela tivesse conseguido formular isto, ela conseguiria se impor junto ao eleitorado, da mesma maneira que o candidato da oposição dificilmente ganharia as últimas eleições, por melhor que tivesse sido seu programa de reformas institucionais. Mas, pelo menos, o país poderia dispor de uma visão alternativa de organização social e funcionamento das instituições, e não ficaria perdido, como me parece que está, entre a "política de resultados", por um lado, e a indignação moral e o ressentimento de outro.

Para sair deste dilema, me parece importante ir além do plano dos princípios morais, e olhar a questão da ética do ponto vista social. Por que as sociedades criam normas éticas que as pessoas muitas vezes obedecem? Em que condições estas normas prevalecem, e em que condições elas perdem sentido e significado?

Existem duas metáforas para responder a esta pergunta, uma a partir das instituições existentes, outra a partir da interação entre os indivíduos. No primeiro caso, da visão sociológica mais tradicional, as normas são vistas como requisitos funcionais, coisas que a sociedade necessita para continuar existindo, e as pessoas que não obedecem a estas normas são punidas com algum tipo de sanção; as normas antecedem às pessoas, e condicionam seu comportamento (elas são "fatos sociais", como diria Durkheim). Na outra perspectiva, as normas são o resultado de pactos entre indivíduos, para a proteção de seus interesses mútuos. Nos dois casos, as normas têm pelo menos três componentes centrais: elas não resultam de uma ética, valores e decisões individuais, e sim dos interesses comuns entre as pessoas, ou pelo menos entre algumas pessoas; elas são legítimas, no sentido de que as pessoas que se subordinam a elas reconhecem sua importância e seu valor, independentemente das sanções que as acompanham; mas incluem também um elemento de sanção, no sentido de que, mesmo que eu não aceite a norma, serei penalizado se decidir não obedecê-la em determinada circunstância.

Uma maneira mais sofisticada de formular a segunda metáfora é em termos da teoria dos jogos, e o famoso dilema dos prisioneiros. Duas pessoas são acusadas do mesmo crime. Se uma confessar e a outra não, a que confessar recebe uma pena leve, e a que não confessar, uma pena severa. Se ninguém confessar, os dois podem sair livres. Se os dois confessarem, os dois serão punidos. Se os dois confiarem um no outro, eles não confessarão, e serão beneficiados; mas, se desconfiarem entre si, ambos confessarão, e sairão perdendo. A pior opção é confiar no outro, e não ser correspondido.

O que mais importa, no dilema do prisioneiro, não é se eles cometeram ou não o crime, e sim se confiam um no outro – não é a moral individual, e sim a ética da confiança e da cooperação. Em que circunstâncias as pessoas decidem confiar umas nas outras e cooperar, e em que condições elas não confiam, e procuram tirar o máximo de vantagem pessoal, mesmo em detrimento dos outros? Existe uma infinidade de estudos que buscam identificar que tipos de pessoas tendem a ser mais ou menos confiantes e cooperativas ou mais desconfiadas nestas circunstâncias – pela idade, sexo, nacionalidade, educação, tipo de personalidade, e outras características. Do ponto de vista social, no entanto, a principal variável é o tempo – nas relações fortuitas, prevalecem os comportamentos não cooperativos, oportunistas e de curto prazo; nas relações de longo prazo, ambos aprendem que têm a ganhar com a cooperação, e desenvolvem uma ética de confiança recíproca.

Se passamos do nível do relacionamento pessoal para o funcionamento da sociedade, podemos entender que sociedades organizadas para o bem comum e a obtenção de benefícios de longo prazo necessitam de comportamentos éticos, em que as pessoas podem confiar umas nas outras; enquanto que em sociedades voltadas para a busca de resultados imediatos e de curto prazo, prevalecem os comportamentos predatórios.

Tal como no dilema do prisioneiro, não é difícil entender a superioridade das sociedades baseadas no princípio da cooperação e do respeito às leis, com um mínimo de coerção, em contraste com sociedades predatórias, aonde a lei só é respeitada pela intimidação da força bruta do poder, e é burlada sempre que possível. O difícil é fazer a passagem da prevalência dos interesses individuais e ganhos de curto prazo, para os interesses coletivos e ganhos de longo prazo.

Em um artigo clássico sobre estrutura social e anomia[6], Robert K. Merton analisou esta questão em termos dos meios socialmente aceitos para atingir os fins. Se os meios não estiverem disponíveis, as normas sociais não têm como ser aceitas e valorizadas. Eu posso mostrar a um jovem nascido e criado em uma favela no Rio de Janeiro que, se ele estudar e trabalhar honestamente, que é o comportamento moral que se espera dos jovens, ele poderá ter uma vida melhor e mais longa do que se ele se envolver com o tráfico de drogas. Mas as escolas são ruins, ele nunca viveu em um meio que valorizasse a leitura e o estudo, e os trabalhos que ele pode conseguir são exaustivos, pagam muito mal, e precários. O mais provável é que ele acabe por escolher o tráfico, por falta

---

[6] Merton, Robert King. 1957. *Social theory and social structure*. Glencoe, Ill: Free Press

de acesso aos meios necessários para cumprir com as normas sociais.

Fábio Wanderley Reis discute este tema em termos da distinção proposta por Wolfgang Schluchter entre moralidade, entendida como algo que diz respeito ao indivíduo, e ética, entendida como de natureza coletiva[7]. A noção de uma moralidade estritamente individual e subjetiva é difícil de sustentar - basta pensar no mandamento bíblico do "amai-vos uns aos outros" ou no imperativo categórico de Kant para dar-nos conta que os preceitos morais têm sempre uma referência a outros. No entanto, o que distingue a moralidade da ética é que ela não é o resultado do cálculo racional de interesses em jogo em cada relação, e sim de um processo cumulativo de experiências e aprendizados que formam aquilo que conhecemos como "caráter" e "identidade" das pessoas, tal como interpretado por Karl Deutsch em seu texto clássico[8]. É neste sentido que se pode entender o que distingue a "ética da responsabilidade", proposta por Max Weber, da noção maquiavélica dos fins que justificam todos os meios – o "realismo" do homem político que é ético é balizado pelo seu caráter e sua

---

[7] Reis, Fábio Wanderley. 2004. "Weber e a política." *Teoria e Sociedade* 2 (2).Schluchter, Wolfgang. 1985. *The rise of Western rationalism: Max Weber's developmental history*: Univ of California Press.

[8] Deutsch, Karl Wolfgang. 1966. *The nerves of government; models of political communication and control*. New York,: Free Press.

identidade moral, enquanto que o realismo maquiavélico não tem limites.

A construção de uma cultura ética e moral não se dá, simplesmente, pela prédica abstrata de princípios morais (é por isto que os cursos de educação moral e cívica nas escolas fracassam), ou pelo fortalecimento do poder de controle e sanção dos órgãos públicos, mas pela construção de instituições estáveis e permanentes, que dependem de relacionamentos confiáveis e de longo prazo para continuar existindo. É possível mencionar pelo menos três destas instituições, que fizeram parte do processo de construção das modernas sociedades democráticas. A primeira são as profissões, que começam com o clero, os militares e os advogados, e incluem mais tarde as profissões mais técnicas, como a medicina e a engenharia, de onde saem os quadros que estruturam e dão permanência aos estados nacionais. A segunda são as escolas e universidades, em parte associadas às profissões, mas com um papel muito mais amplo de transmitir valores, conhecimentos, competências e proporcionar caminhos legítimos e aceitos de mobilidade social. A terceira são os mercados permanentes, baseados em relações comerciais e empresariais estáveis, que substituem as formas predatórias de exploração econômica e usurpação militar que eram a base de sustentação de tantas economias do passado. Juntas, estas instituições desenvolvem e fortalecem os valores da competência profissional, do mérito, da competência e do respeito aos contratos.

Nenhuma destas instituições se desenvolve de maneira harmônica e cooperativa, mas pela disputa constante de interesses e pela recorrência permanente de práticas não cooperativas, controladas em parte pelos elementos de prédica e coerção. Mas elas têm em comum o fato de que são instituições de longo prazo, estruturadas ao redor de valores e códigos de ética comuns, que servem de base tanto para o relacionamento entre seus participantes como para o relacionamento entre elas e a sociedade mais ampla.

A política, neste contexto, é uma instituição peculiar, e sua dimensão ética pode ser vista tanto da perspectiva do sistema político como um todo, quanto dos quadros políticos enquanto tais. A visão convencional das democracias modernas é que elas são representativas, no sentido de que os governantes são eleitos para agir em nome do povo. A visão cínica é que a política não passa de uma disputa entre grupos poderosos, que manejam a opinião pública conforme seus interesses. Uma maneira mais adequada de conceber a democracia é considerá-la como um sistema que formaliza, regula e legitima o exercício de poder, protege as minorias e garante os direitos de participação de todos os setores da sociedade. Esta concepção não supõe que os dirigentes políticos sejam, literalmente, mandatários da vontade popular, e reconhece que eles muitas vezes são oriundos de setores da sociedade que não estão acessíveis para a grande maioria da população. Mas os sistemas partidários e eleitorais, quando funcionam bem, consagram o princípio da representatividade, legitimando desta forma o exercício do poder; e funcionam como mecanismo de administração e negociação de conflitos e disputas, que não adquirem o caráter destrutivo que têm em sociedades em que o sistema democrático não funciona nem tem legitimidade. Para que a democracia tenha esta função, ela precisa ter regras claras e formais de funcionamento, que sejam acatadas e respeitadas pela grande maioria da população.

Para o homem político também vale a distinção entre a pessoa que decide fazer da vida pública uma carreira de longo prazo e a que entra na política para se enriquecer o mais rapidamente possível, saindo depois para gozar dos benefícios. Em um sistema eleitoral em que o mandato político, digamos de um deputado, depende da confiança de seus eleitores, o político é levado a ter um comportamento ético no relacionamento com seus eleitores e com seu partido, para garantir que esta confiança seja sempre renovada. Se a relação do político com o eleitor é opaca e imprevisível, o espaço para o comportamento predatório se amplia.

Mas o que observamos no Brasil, curiosamente, é que políticos corruptos mantém relações estáveis, de longo prazo e, em certo sentido, bastante éticas com seus eleitores, embora possam ter comportamentos totalmente antiéticos na gestão dos recursos públicos, por exemplo. O que explica esta situação aparentemente paradoxal é que para estes políticos, assim como para seus eleitores, o setor público não é visto como um todo coerente e integrado, com o qual eles se relacionam, mas como um manancial de recursos que podem e devem ser explorados, aí sim de forma predatória, em benefício próprio e de seus eleitores. Quando o mandato político depende, não do apoio do eleitor, mas da capacidade do político de carrear recursos para grupos de interesse que permanecem à sombra, o espaço para a política predatória e corrupta aumenta ainda mais. Isto levanta a questão nada simples, mas urgente, de como fazer com que políticos tenham um compromisso ético mais claro com seus eleitores, e sejam corresponsáveis interessados nas consequências de suas ações. No debate brasileiro, estas questões têm sido colocadas em termos da necessidade de mudança no sistema representativo, por um lado, introduzido alguma modalidade de voto distrital e reforçando a fidelidade partidária; e nas tentativas, até aqui infrutíferas, de fortalecer a corresponsabilidade do legislativo pelo processo executivo, através do sistema parlamentarista.

Podemos resumir esta análise dizendo que a questão da ética na política não passa, simplesmente, pela reforma dos costumes, nem pela aplicação mais rigorosa da lei, e sim pela construção de instituições estáveis e permanentes que, para funcionar e existir, requerem e desenvolvem valores de responsabilidade e cooperação. A grande questão é saber se estas instituições, que são típicas das sociedades modernas, ainda podem ser construídas nas sociedades supostamente pós-modernas em que vivemos, caracterizadas por duas tendências aparentemente contraditórias, mas complementares, que são a globalização e o fortalecimento das identidades comunitárias.

Um dos aspectos da globalização é o enfraquecimento dos estados nacionais, e a força crescente, embora muitas vezes invisível, das grandes corporações e grupos financeiros internacionais. Este processo pode estar levando, segundo algumas interpretações, a uma *commodification* crescente de todos os aspectos da vida social, incluindo as instituições como as profissões clássicas, os sistemas educacionais e os próprios estados nacionais. O outro aspecto deste processo seria o papel cada vez mais avassalador dos meios de comunicação de massas, orientados também para a valorização dos resultados de curto prazo e as gratificações imediatas. O efeito combinado destas forças seria o debilitamento de instituições tradicionais como a família nuclear, as profissões e os sistemas educacionais alicerçados no princípio do mérito e do desempenho, assim como a destruição dos mercados tradicionais pela influência avassaladora do capital anônimo e especulativo.

Com o debilitamento das instituições, estaria aberto o caminho para a busca de identidades comunitárias fáceis de perceber e aderir, e que não dependem de longos processos de formação e socialização. A religião, a raça e a tribo, muitas vezes de forma combinada, outras em separado, permitem este tipo de identidade, geralmente cristalizada por líderes carismáticos que personificam estas comunidades. Estas comunidades também têm um forte componente ético e moral, não pela construção a longo prazo da convergência de interesses, mas pela imersão e mesmo desaparecimento da individualidade no todo coletivo. Não é este tipo de ética, naturalmente, que nos interessa quando discutimos a questão da moralidade nas sociedades modernas.

Pode ser que a oportunidade já tenha sido perdida, e que os incentivos para a não cooperação sejam cada vez mais fortes, em detrimento dos incentivos ao desenvolvimento de instituições maduras e impregnadas de valores morais. Mas, por outro lado, a globalização não é bem uma novidade, o mundo já foi pior do que é hoje, os nacionalismos muito mais violentos, e a cultura de massas, criticada de forma tão contundente pela Escola de Frankfurt mais de meio século atrás, não fez com que a democracia, a cultura e a civilização (seja como definamos estes termos), ficassem menos importantes do que no passado. Como nota Osmar Lannes, "este não é o primeiro processo de globalização na História. Nos anos do padrão-ouro, até a eclosão da Primeira Grande Guerra, viveu-se um período de globalização até mais profundo, em certos aspectos, do que o atual. E isso não foi condição suficiente para os efeitos mencionados acima, muito embora àquela época os Estados nacionais da periferia fossem muito menos organizados do que hoje" (comunicação pessoal).

No Brasil, é possível que ainda leve muito tempo para que eleições nacionais possam ser decididas pela bandeira da ética, mas a vida pública não se limita ao espaço político. Existe muito espaço para irmos construindo, nas diversas esferas da vida social e espaços geográficos, instituições fortes e modernas, baseadas em conteúdos éticos e relações de confiança entre as pessoas, que, a longo prazo, possam inclusive contribuir para reformular a cultura política ainda predominante.

A UDN não sabia bem o que dizia quando levantava a bandeira da ética, é possível duvidar que fosse sincera, e era notoriamente incompetente para ganhar eleições. Mas não há dúvida que sempre teve razão ao ressaltar a importância da ética e da moralidade na vida pública.

O mensalão, a ética de Don Corleone e a democracia (2005)

Vendo o show the Roberto Jefferson pela TV, me perguntava qual era a lógica daquilo tudo. Era difícil acreditar que ele estivesse tão indignado com o mensalão, enquanto admitia, sem problemas, ter recebido malas de dinheiro do PT, e ter negociado recursos para seu partido com pessoas indicadas para empresas estatais.

Mas acho que entendi quando ele narrou o diálogo que teve com Lula, quando foi visitá-lo junto com o Ministro Walfrido Mares Guia.

- "Tudo bem com o PTB? ", perguntou Lula.

- "Não", responde Jefferson, "tudo mal, porque o Dirceu nunca cumpre as coisas que promete".

Ele não disse o que foi que Dirceu prometeu e não cumpriu, mas a gente pode pensar nos vinte milhões para a campanha eleitoral para o PTB, dos quais só foram entregues quatro. A gente já tinha aprendido com Don Corleone, um homem de princípios, que a grande virtude era a lealdade nos acordos, e o grande pecado, a traição. O mensalão era uma arma que Jefferson tinha debaixo do braço para se proteger de uma possível traição, que começou com o dinheiro da campanha que não veio, e culminou na espionagem nos correios. Então, usou a arma que tinha.

Jefferson não se considera melhor do que ninguém. "Eu sou igual a todos", diz ele, "não sou melhor, mas também não sou pior". A pergunta que fica é se a política é necessariamente assim, em cujo caso todo este barulho sobre corrupção não passaria, como tem sido argumentado por alguns, de um golpe e uma manobra "udenista-tucano-paulista" para desestabilizar o governo Lula.

Todo mundo que passa pelo curso de Política I, na escola ou na vida, sabe que a vida política não é uma confrontação entre o Bem e o Mal, os homens justos contra os pecadores, mas uma disputa por interesses e por poder. Para quem não passa de ano, isto leva à conclusão de que o jogo do poder é necessariamente sujo e que as questões de honestidade e corrupção não são um problema real, mas simples instrumentos em um jogo aonde o que impera é a ética de Don Corleone.

Quem chega à Política II, no entanto, como o próprio Dom Corleone, entende que não é bem assim. Não é possível viver toda a vida, e consolidar o prestígio e o poder adquiridos, à base de negócios sujos e vendetas pessoais. As sociedades modernas e que funcionam precisam de regras claras, sistemas judiciais confiáveis, d parlamentares que respeitam seus mandatos, empresários que pagam seus impostos e não fraudam seus produtos, e funcionários públicos que não roubam nem se vendem. Sem instituições confiáveis e estáveis, as pessoas não conseguem organizar suas vidas, os serviços públicos não funcionam, e a economia não anda.

É difícil achar um político que não tenha feito acordos e negociações duvidosas ou mesmo ilegais. Mas o processo de construção das instituições democráticas não depende somente do maquiavelismo dos políticos – Don Corleone transformando seu filho Michael em um respeitável advogado - para continuar seus crimes por outros meios. O fim da violência, da corrupção e da chantagem como instrumento de poder interessa a milhões de pessoas, e a valorização moral e ética das instituições públicas coincide com a funcionalidade das instituições modernas. É aqui que os valores éticos e os requisitos de funcionalidade das democracias modernas se encontram.

Assim, a preocupação da opinião pública, expressa através da imprensa, com a corrupção política não pode ser desqualificada como um simples golpe ou manobra hipócrita contra o partido no poder, sob a alegação de que, no Brasil, a corrupção existe "desde Pedro Álvares Cabral", e vai continuar existindo sempre da mesma maneira. Nem é possível defender a idéia de que nossas instituições políticas funcionam muito bem no melhor dos mundos possíveis, como diria Pangloss, e que as propostas de reforma política – impedindo que os deputados vendam seus mandatos e mudem de partido, limitando e tornando transparentes o uso de dinheiro nas campanhas, fechando as legendas partidárias de aluguel, redesenhando o sistema eleitoral para torná-lo mais representativo e dando mais condições de governabilidade — não passariam de outras tantas manobras contra o não se sabe bem o quê.

32

As táticas de defesa e a contribuição de Dirceu (2005)

É interessante como os três principais personagens da "crise do mensalão" adotaram táticas distintas de defesa. Roberto Jefferson, que saiu na frente, foi logo dizendo que não era melhor do que ninguém, mas que também não era pior, e reconheceu que recebia malas de dinheiro e fazia jogo de influência e de interesses com empresas estatais. Admitiu, desde logo, que poderia ser cassado, e disse que já havia transcendido esta questão, não lhe importava. Uma péssima linha de defesa para evitar a cassação e futuros processos na justiça, mas sai como uma espécie de herói da sinceridade contra a hipocrisia, e pode ainda ter futuro politico pela frente, apoiado na permissividade mafiosa tão difundida entre nós.

Delúbio Soares entrou no rio como boi de piranha. Primeiro negou tudo, tentando a linha da conspiração das elites, desesperadas com o grande sucesso das políticas sociais do governo Lula (coisas como a bolsa família e as cotas raciais nas universidades). Mas logo depois trouxe a si toda a responsabilidade do "dinheiro não contabilizado", adotando a linha esboçada por Lula na famosa entrevista, dizendo que fez o que todo mundo faz. Mostrou que não agiu em interesse próprio, não enriqueceu, era tudo pela causa e pelo partido. Não tem mandato a perder, mas sua carreira de operador político está arruinada, vai ter que enfrentar a justiça, e continuará pobre.

Dirceu tem uma linha de defesa mais bem armada, tanto para evitar a cassação quanto os processos criminais. Primeiro, invoca a vida dedicada à causa. Depois, nega tudo: são fofocas, calúnias, não há provas. Em todo caso, argumenta que, se fez alguma coisa errada, foi como Ministro, não como deputado, e por isto não pode ser cassado; e que tudo não passa de um grande processo politico contra ele e o PT. O problema é que todos sabem que era ele que comandava tudo. Legalmente, pode dar certo (embora pareça que a cassação seja inevitável). Moralmente, é uma posição pior do que a de Delúbio, que assumiu a culpa e a responsabilidade. E pior do que a de Jefferson, que, em vez de se defender, partiu para a ofensiva.

Imaginei que em algum momento Dirceu pudesse também seguir caminho parecido, falando o que realmente pensa. Aparecer de peito aberto, dizendo que fez o que lhe parecia melhor para garantir a vitória e a consolidação de seu partido e de suas ideias, mesmo tendo que violar as regras hipócritas da moralidade pequeno-burguesa. Que a luta em defesa dos interesses do povo é sangrenta, e todos os meios que ajudem a uma boa causa são válidos. E que faria tudo de novo se tivesse que recomeçar. Seria uma defesa muito pior do ponto de vista legal, mas muito melhor do ponto de vista politico, e ajudaria e colocar em pauta um problema importante neste país, que é o de saber se as normas jurídicas e as instituições de fato servem para alguma coisa. No debate que se seguiria, minha esperança seria que ele fosse derrotado, mas cairia de pé, dando uma importante contribuição para a consolidação do sistema democrático brasileiro, ainda que pelo contraexemplo. Quem sabe ele ainda faz isto?

No dia 25 de maio, participei do 4o. Congresso GIFE sobre investimento social privado, em Curitiba, aonde apresentei os resultados preliminares Censo do Grupo de Institutos, Fundações e Empresas, que me coube analisar (Censo GIFE 2006, e um volume especial sobre educação)[9]. O GIFE tem hoje mais de 90 associados, e reúne as principais instituições privadas que desenvolvem investimentos sociais no país. Estima-se que os associados do GIFE gastem cerca de 1 bilhão de reais por ano, sobretudo na área da educação. É muito dinheiro, mesmo se comparado com os gastos públicos do setor educacional – cerca de 15 bilhões por parte do governo federal e 40 bilhões dos governos estaduais, além dos gastos dos municípios e das famílias.

No passado, os investimentos sociais das empresas eram feitos sobretudo como filantropia, ou como instrumento de marketing institucional. Hoje, cada vez mais, o tema da responsabilidade social das empresas ganha o primeiro plano, e uma questão que se coloca é se as empresas não estariam, de alguma forma, tratando de desempenhar uma função que seria eminentemente pública. Em um extremo, estes investimentos podem estar suprindo carências que seriam da responsabilidade do setor público, aonde ele não consegue chegar. No outro, estes gastos poderiam estar abrindo espaços para novas experiências e desenvolvendo novos modelos de

---

[9]https://archive.org/details/CensoGife20052006
https://archive.org/details/CensoGife20052006Educacao

atuação que poderiam beneficiar a sociedade como um todo. Entre os dois, estes gastos podem estar tendo uma função filantrópica importante, mas limitada ao âmbito de atuação das instituições, sem impactos externos mais amplos. Os dados do Censo, ainda que limitados, sugerem que é ainda sobretudo isto o que está acontecendo.

O tema reapareceu, de uma outra forma, na reunião sobre "Sociedade civil e democracia na América Latina: crise e reinvenção da política" organizada pelo Centro Edelstein de Pesquisas Sociais e o Instituto FHC em São Paulo, nos dias 26 e 27. O texto inicial de Bernardo Sorj colocou a questão: em que medida as instituições políticas tradicionais – os partidos políticos, o Congresso, o próprio executivo – estariam sendo substituídos por ONGS – as organizações não governamentais – e qual a consequência disto para a democracia? O caso do Chile, apresentado por Ernesto Ottone, serviu como evidência de que a verdadeira democracia se constrói com partidos políticos e instituições públicas consolidadas, elementos que faltam ou estão em crise em outros países da região – Argentina, Brasil, Peru, Bolívia.

Não é uma discussão simples, e é claro que as instituições que participam do GIFE são muito diferentes do que normalmente se pensa quando se fala das novas ONGs. Para De Tocqueville, a base da democracia americana, duzentos anos atrás, era justamente a fortaleza das organizações da sociedade civil que, segundo autores mais recentes[10] (Putnam 2001) estariam desaparecendo, ou se transformando em lobbies e grupos de pressão. Que espaço existe ainda, na América Latina, para as instituições políticas mais tradicionais, e o que se pode esperar da combinação entre governos de base plebiscitária e estes novos atores sociais?

---

[10]Putnam, Robert D. 2001. *Bowling alone: the collapse and revival of American community*. New York: Touchstone.

A democracia dos tolos (2007)

Ninguém deu muita importância à notícia de que vai haver um plebiscito no Maranhão para dividir o Estado em dois, e que esta decisão republicana e democrática, de ouvir o povo, é de inspiração do Senador Sarney, eleito também democraticamente pelo Amapá, aonde nunca viveu, e cujo grupo está ameaçado de perder definitivamente o controle sobre o velho Maranhão. Com o novo Estado a ser criado, teremos mais um governador, vice-governador, três senadores, deputados federais, uma nova assembleia legislativa estadual e não sei quantas secretarias, tribunal de contas, e muitos empregos públicos, todos a serem distribuídos pelo clã Sarney a seus amigos e associados.

Esta generosidade democrática com o dinheiro público é uma reedição tardia da orgia de criação de novos municípios ocorrida nos anos 90 em todo o país. O mecanismo era parecido. Organizava-se um plebiscito, o povo votava pela criação do novo município, que criava sua câmara de vereadores, etc., e passava a ser sustentado com um novo rateamento do dinheiro do Fundo de Participação dos Municípios. O município que era desmembrado, digamos, em duas partes, não perdia 50% dos seus recursos, mas somente uma pequena parcela, da mesma forma que os demais no Estado, em função do novo rateamento do dinheiro, mas, em compensação, passava a ter muito menos gente a quem atender. Então, o negócio era seguir desmembrando os municípios, e brigar para que o Fundo de Participação continuasse a sustentá-los.

39

Em uma verdadeira democracia, a autonomia de estados e municípios deve estar associada à capacidade que eles tenham de gerar recursos através de impostos, e a uma avaliação de se esta é, realmente, a maneira pela qual preferem gastar seus impostos. Em nossa democracia de tolos, todos votam e participam alegremente, e depois mandam a conta para a viúva.

O papel das Forças Armadas (2007)

Primeiro, a crise da Aeronáutica com os controladores de voo; agora, o governador Sérgio Cabral pedindo mais uma vez o apoio do Exército para lidar com a criminalidade do Rio, coisa que os militares não gostam nem sabem fazer. Mas qual deveria ser, na verdade, o papel das forças armadas no Brasil de hoje?

No passado, desde a Guerra do Paraguai, a resposta era que as forças armadas deveriam defender o país de inimigos externos, que, por falta de outros, acabava sendo sempre a Argentina, nos exercícios militares. Com a guerra fria, além do alinhamento militar com os Estados Unidos, surgiu a Doutrina de Segurança Nacional, que não só justificou o controle do "inimigo interno", os comunistas reais e imaginários, mas a tutela da economia e da sociedade do país como um todo. Depois da volta aos quartéis comandada por Geisel e Figueiredo, é como se tivéssemos voltado aos anos anteriores à guerra fria, com a diferença de que a Argentina era agora nossa parceira no Mercosul. A criação do Ministério da Defesa, comandado por um civil, deveria ser o primeiro passo na definição de uma nova doutrina militar, identificando com clareza a missão necessária e possível para os militares no país. Isto, no entanto, não foi feito nem no governo FHC, nem no atual. Com isto, os militares forem perdendo recursos, administrando equipamentos obsoletos, e sem nenhuma clareza sobre seu papel, que inclusive justificasse os recursos que eles sempre solicitam.

Precisamos, claramente, de uma nova doutrina militar para o país. Eu não tenho uma para propor, mas acho que a discussão precisa ser aberta, e existem algumas ideias que têm circulado, e que deveriam ser aprofundadas. Uma delas é terminar com o serviço militar obrigatório, incompatível com o tamanho da população e das forças armadas, e substituí-lo pelo serviço militar profissional. Segundo, existem missões tradicionais, de segurança externa, que precisam ser dimensionadas, e receber recursos para isto: segurança dos portos, segurança do espaço aéreo, segurança de fronteiras. Com as novas tecnologias, deve ser possível pensar em sistemas muito amplos de vigilância, combinados com forças móveis de rápido deslocamento, quando necessário. Terceiro, existem áreas de atuação interna que as forças armadas poderiam desempenhar, incluindo a supervisão das polícias estaduais, o controle das áreas de proteção ambiental, e a administração de alguns serviços estratégicos, que poderia incluir até mesmo o controle do espaço aéreo, desde que em um formato distinto da burocracia militar convencional. Depois, existem programas de pesquisa e desenvolvimento tecnológico, inclusive o programa espacial, que necessitariam ser revistos, e, ou interrompidos, ou apoiados com mais determinação. Finalmente, as forças armadas deveriam ser capazes de interferir e agir rapidamente em situações de emergência e desastres naturais, e de mobilizar mais recursos na hipótese remota de alguma ameaça externa significativa.

Tudo isto aponta para uma força militar pequena, moderna, profissional e ágil. A elaboração de uma nova doutrina militar exigiria a participação ativa dos militares, combinada com uma liderança civil capaz de olhar estas questões de um ponto de vista mais amplo, compatível com as necessidades atuais do país e a disponibilidade de recursos. Quando é que este tema entrará na pauta?

Duas nomeações na área da cultura - a do palhaço Tiririca para a Comissão de Educação e Cultura da Câmara de Deputados e a do sociólogo Emir Sader para a direção da Casa Ruy Barbosa no Rio de Janeiro, que pertence ao Ministério da Cultura - permitem perguntar para que serve mesmo este Ministério, e se já não estaria na hora de acabar com ele.

O Ministério da Cultura no Brasil foi desmembrado do Ministério da Educação em 1985 pelo governo Sarney, e tem sua origem nos projetos do Ministério da Educação no Estado Novo que incluíam, de um lado, o Instituto do Patrimônio Histórico e Artístico, que cuidaria da preservação do patrimônio arquitetônico e cultural do país, e, por outro, as ideias de Mario de Andrade sobre uma redescoberta da verdadeira cultura nacional, levando à frente o projeto modernista dos anos 20. A estes dois componentes - o patrimonial e o ideológico - foi acrescentada, mais adiante, a função de financiar e manter as atividades de "alta cultura" que o mercado por si só não conseguiria financiar, como a música clássica, o cinema e o teatro "de qualidade", etc.

O Ministério foi extinto por Fernando Collor em 1990, mas ressuscitado logo depois por Itamar Franco. Foi sempre um Ministério menor, apesar de alguns titulares ilustres, como Celso Furtado no governo Sarney e Francisco Weffort no governo Fernando Henrique Cardoso (de cujas políticas culturais eu não saberia dizer nada, talvez por ignorância minha, mas que acredito que concentraram sua atenção no lado patrimonial do Ministério, mais o apoio à "alta cultura" dependente do Estado). O Ministério adquiriu nova preeminência com a nomeação de Gilberto Gil que, entre 2003 e 2008, de alguma forma, tentou retomar a proposta de Mário de Andrade de fazer surgir e consolidar a cultura popular. Com seus recursos limitados, de financiador de música, teatro e cinema erudito, o Ministério se transforma em financiador e mobilizador de manifestações artísticas populares, criando uma nova clientela de organizações sociais que se estruturam para captar e distribuir seus recursos.

É esta nova orientação que explica a indicação de Tiririca, com o Deputado Lincoln Portela, presidente do PR que o indicou, dizendo que "educação é uma coisa, cultura é outra", e afirmando que a experiência prática de Tiririca no mundo circense poderia ser usada para fortalecer este lado da cultura nacional. Pode ser.

No caso da indicação de Emir Sader, que pretenderia, pelas declarações recentes a jornais, transformar a Casa Ruy Barbosa em um centro de grandes debates intelectuais, a idéia não causaria espécie - debates intelectuais são sempre bem vindos. Por outra parte, a lista peculiar de intelectuais que ele pretende trazer para os debates (em seu blog ele cita nominalmente "de Marilena Chauí a José Murilo de Carvalho, de José Miguel Wisnik a Caetano Veloso, de Tania Bacelar a Bresser Pereira, de Carlos Nelson Coutinho a Maria Rita Kehl, de José Luís Fiori a Chico de Oliveira"), e mais sua trajetória de defesa incondicional de lideres como Hugo Chávez e Evo Morales, faz que os resultados destes debates já estejam de alguma forma pré-definidos (sem com isto querer dizer que todos os citados pensem como ele).

Não acredito que este projeto vá muito longe, e nem que consiga afetar o próprio Ministério da Cultura. Mas não custa lembrar que, fora do Brasil, existem dois exemplos importantes de criar um Ministério da Cultura e colocá-lo a serviço de grandes projetos ideológicos de governo. O mais conhecido foi o Ministério de "Ilustração Pública e Propaganda" de Joseph Goebbels, nos anos 30, a serviço do Nazismo, e o outro o Ministério da Cultura francês de André Malraux, a serviço das ideias de *grandeur* de Charles de Gaulle. No Brasil tivemos, no Estado Novo, o famigerado Departamento de Imprensa e Propaganda, diretamente inspirado em Goebbels, que durou tanto quanto a ditadura de Vargas, e não precisamos nem queremos mais isto; e como não temos "grandeur", e tampouco intelectuais orgânicos do porte de Malraux, o exemplo francês também não nos serve.

Nosso patrimônio histórico, artístico e cultural precisa ser cuidado, deve existir e espaço para financiar projetos culturais de qualidade, e temas transversais, como o da propriedade intelectual, precisam ser discutidos e resolvidos. Nada disto justifica, no entanto, um Ministério da Cultura com as pretensões que alguns pretendem que ele tenha. Uma simples secretaria, como tentado por Collor, daria conta do recado.

45

Visitando a Venezuela, Lula apoiou mais uma vez a proposta de reeleições sem limites para o colega Chávez, dizendo que não há nada de antidemocrático nisto, dependendo somente da cultura de cada país. Isto me fez lembrar um debate que tive com um brasilianista nos princípios dos anos 80, que argumentava que não havia nada demais em o Brasil e outros latino-americanos terem governos autoritários, afinal, fazia parte de nossa cultura. Também fiquei lembrando dos quinze anos de Getúlio no poder, e sua reeleição logo depois. Qual é mesmo nossa cultura?

Em um ponto Lula tem razão: não é a renovação de mandatos que diferencia um regime democrático de um autoritário. Na ocasião do outro plebiscito venezuelano, Lula também defendeu a reeleição, lembrando os exemplos de Adenauer, Tatcher e Blair, que ficaram no governo por muito tempo. Mas também poderia ter citado Mussolini, Hitler ou Perón. Todos eles foram eleitos e reeleitos várias vezes, com grande apoio popular, e nem por isto eram democráticos. Nossos generais-presidentes, por outro lado, mantiveram sempre o princípio da não prorrogação.

O que diferencia uma democracia de um regime autoritário é o império da lei, a garantia dos direitos das pessoas, a liberdade de expressão e participação social e eleitoral, o pluralismo e regras eleitorais justas, que não permitem o abuso do poder para impor a vontade dos governantes sobre os cidadãos. As normas que limitam a

reeleição dos executivos nos regimes presidencialistas não têm nada a ver com cultura, e sim com os riscos bastante reais, aqui e lá, do abuso de poder.
47

Lula, entre Roosevelt e Perón (2010)

Vários comentaristas têm feito comparações entre Lula e Roosevelt, mas existem também os que fazem paralelos com Perón. Roosevelt, Perón e Lula têm em comum ter aumentado os gastos do setor público, aumentado o papel do Estado na economia e introduzido políticas de distribuição de renda, conquistando grande apoio popular. Para manter seu poder e levar à frente suas políticas, fizeram parcerias com setores aparentemente incompatíveis: no caso de Roosevelt, com as oligarquias racistas do antigo Partido Democrata do Sul dos Estados Unidos; no caso de Perón, com os militares, sindicatos e oligarquias regionais; e no caso de Lula, com os coronéis do Nordeste, os velhos pelegos e os políticos fisiológicos do PMDB e próprios.

Os legados de Roosevelt e Perón, no entanto, são muito distintos, tanto do ponto de vista econômico quanto político. Roosevelt governou os Estados Unidos entre 1933 e 1945, e depois da guerra o pais entrou em um período de grande expansão econômica, enquanto que a Argentina, governada por Perón entre 1943 e 1955, que até os anos trinta tinha um nível de renda que se aproximava da Alemanha e da França, entra gradativamente em um processo de decadência econômica e desorganização social que parecia não ter fim. Na política, os Estados Unidos mantêm intacto, ao longo dos anos, o sistema partidário e as instituições políticas, enquanto que a Argentina vê sua ordem legal e institucional rompida por crises sucessivas.

Como explicar estas diferenças? No caso dos Estados Unidos, a intervenção do Estado na economia, o aumento de impostos e dos gastos públicos se deram pela premência da crise dos anos 30 e pela economia de guerra que lhe sucedeu. Em parte, foram ações irreversíveis. Terminada a guerra, os Estados Unidos não voltaram aos baixos níveis de taxação dos anos anteriores, nem romperam os vínculos econômicos entre o governo e os setores da indústria que participaram do esforço de guerra, e que continuaram se beneficiando de contratos com o governo durante a guerra fria – o chamado complexo industrial militar, criticado pelo presidente e general Eisenhower em 1961. O sindicalismo, antes fortemente reprimido, encontrou um espaço legítimo de atuação, e o embrião do estado de bem-estar social que havia sido esboçado nos anos 30 continua se expandindo, culminando com o projeto da *Great Society* de Lyndon Johnson.

Roosevelt tinha grande popularidade, tanto pelo *New Deal* quanto pela liderança que exerceu durante a guerra, mas seu poder era limitado pela autonomia do judiciário e do Congresso, o sistema bipartidário não foi ameaçado, os impostos se mantiveram contidos e a dívida pública, que havia atingido níveis altíssimos com a guerra, caiu sistematicamente até os tempos de Bush e Reagan. Apesar das políticas de expansão de gastos em seu governo, Roosevelt tinha também um lado claramente conservador do ponto de vista fiscal, que tentou colocar em prática ao final dos anos trinta. O que deu impulso à economia americana, e permitiu a formação da grande classe media naquele pais, foi sem dúvida a economia de mercado, fortalecendo o

49

argumento daqueles que consideravam, e ainda consideram, o período de Roosevelt como uma exceção.

No caso da Argentina, o que predominou no após guerra foi uma política de fechamento da economia, que fez com que o pais deixasse de aproveitar do fato de ser um dos grandes produtores agrícolas do mundo para fazer crescer a economia como um todo, como aconteceu, por exemplo, na Austrália. Eis como um autor, Felipe de la Balze, resume o que ocorreu:

> "O governo de Perón, que tinha sido eleito com o voto popular, levou à frente uma grande redistribuição da renda nacional que beneficiou, pelo menos no curto prazo, setores da sociedade com menor renda. Ele criou os fundamentos de um poderoso estado de bem-estar social, controlado pelo governo e os sindicatos, e ampliou ainda mais o poder do estado através de nacionalizações e um alto grau de intervenção do governo no comércio internacional e local, no sistema bancário e de seguros. O governo era apoiado sobretudo pelos militares, por uma burocracia estatal crescente, por alguns empresários locais, que se beneficiavam das políticas protecionistas e do apoio do governo, e dos sindicatos, que eram patrocinados pelo governo e se transformaram nos principais beneficiários de suas políticas. Perón gozava de grande apoio popular, ainda que os direitos individuais e as liberdades políticas de seus oponentes nem sempre fossem respeitados, a

imprensa fosse controlada, e as atividades
políticas da oposição fosse reprimida"[11]

Esta estratégia produziu bons resultados econômicos no início, sobretudo para os setores mais protegidos, mas acabou redundando em uma economia com pouco potencial de crescimento. As indústrias se desenvolveram a taxas razoáveis até os anos 60, e depois estagnaram. Os baixos investimentos em tecnologia e as políticas fiscais e de câmbio fizeram com que o setor agrícola não se desenvolvesse como deveria. Com a saída de Perón em 1955, o sistema político argentino não consegue de estabilizar, e a Argentina perde cada vez mais o lugar que poderia ter tido. Entre 1950 e 1970, enquanto que a economia do mundo se expandia, e com ela o Brasil (uma das economias que mais cresceu, acima de 6% ao ano), a Argentina não foi além de 2,1% ao ano.

Duas outras características negativas, também assinaladas Balze, marcam o peronismo. A primeira é que o país, sistematicamente, tomava decisões erradas na política internacional. O golpe de estado que levou Perón ao poder tinha por objetivo manter a proximidade do país com as ditaduras do Eixo na segunda guerra. A paranoia contra o imperialismo inglês e americano fez com que a Argentina se recusasse por muitos anos a participar dos acordos do GATT, deixando de se beneficiar do fluxo de comércio e investimentos do período. Como diz Balze, "a Argentina se voltou para o intervencionismo e protecionismo na área econômica e

---

[11] De la Balze, Felipe A. M. . 1995. *Remaking the Argentine Economy*. New York: Council of Foreign Relations Press.

para o nacionalismo, o populismo e o militarismo na área política – estratégias equivocadas em resposta ao novo ambiente da economia internacional. "

A diferença crucial entre Roosevelt e Perón, do ponto de vista econômico, parece ter sido que as políticas intervencionistas de Roosevelt foram feitas e tiveram como resultado estimular a economia americana, enquanto que as políticas peronistas serviram para isolar a Argentina da economia internacional e fazer com que o pais entrasse em um longo processo de decadência econômica e desorganização institucional do qual até hoje não saiu.

Um outro ponto assinalado por Balze é que o tipo de política desenvolvido por Perón e os peronistas, de uso predatório do setor público em benefício de seus aliados, fez com que a Argentina nunca tivesse desenvolvido instituições públicas com a competência e a qualidade que seriam necessárias para levar à frente as políticas intervencionistas que faziam e ainda fazem parte do discurso peronista. Do ponto de vista político, Perón criou o peronismo, que sufocou a oposição na Argentina tanto à direita quanto à esquerda, enquanto que Roosevelt não criou um Rooseveltismo, embora tenha contribuído para alterar as características do Partido Democrata, que ficou mais identificado com as políticas sociais, os sindicatos e o movimento de direitos civis do que o Partido Republicano.

A crise econômica recente fez com que muitos, no Brasil, comemorassem o fim da economia de mercado e a vitória das políticas de intervencionismo estatal representadas, aparentemente, por Roosevelt e Perón. Na verdade, o desenvolvimento do Japão e da Coréia nas últimas décadas já haviam servido para demonstrar que existe espaço e pode ser importante, para os países, desenvolver política industriais e de investimentos, da mesma maneira que o *welfare state* da Europa Ocidental já havia demonstrado que não existe oposição necessária entre proteção social e desenvolvimento da economia. Mas todos os países que conseguiram se desenvolver, incluindo a China nos últimos anos, o fizeram pela combinação de políticas industriais com a abertura da economia e participação intensa nos fluxos internacionais de comércio, finanças e tecnologia, e não pelo isolamento e fechamento, nem pelo sufocamento do mercado por impostos excessivos e déficits públicos crescentes. Estes países foram capazes, também, de investir fortemente na educação de qualidade, e fortalecer e capacitar suas instituições públicas.

O governo de Lula é mais Roosevelt ou mais Perón? Olhando a experiência dos últimos anos, é possível pensar que ele oscila entre os dois polos. Beneficiado por um ciclo extremamente positivo do comércio internacional, o governo tem mantido a economia aberta e respeitado, embora com arranhões, a ordem constitucional. A autonomia do Banco Central tem sido mantida, fortalecendo desta forma um lado de austeridade e equilíbrio macroeconômico que contrabalança o descontrole crescente dos gastos públicos. Ao mesmo tempo vem se acentuando, sobretudo nos últimos anos, sua face peronista, comprometendo cada vez mais os orçamentos com gastos fixos, aparelhando a administração pública e ampliando o capitalismo de estado, em parceria com grupos empresariais privilegiados. Embora ainda preservadas, as instituições se vêm constantemente ameaçadas pelo fantasma dos "movimentos sociais" e do "controle social", inclusive dos meios de comunicação. Existe um discurso populista que tenta contrapor os "pobres" às "elites", reminiscente dos discursos de Perón sobre os "descamisados".

No discurso político, predomina a idéia de que tudo é possível, não há limites, e que quaisquer restrições que se possa fazer às políticas do governo são meramente ideológicas. Este voluntarismo faz com que reformas institucionais importantes, como a reforma fiscal e do sistema previdenciário, não adquiram prioridade. Alguns setores no governo chegam a argumentar que o desenvolvimento da economia nos últimos se deve ao crescimento da intervenção estatal, ao aumento dos gastos públicos e às políticas de redistribuição de renda, assim como à política internacional terceiro-mundista e anti-norteamericana; eu tendo a crer, ao contrário, que é a relativa abertura da economia e o equilíbrio macroeconômico, obtidos sobretudo a partir das políticas de Fernando Henrique Cardoso, mais os ventos favoráveis que vêm da China, que têm permitido estas ações. Se estes bons ventos continuarem a soprar nos próximos anos, esta ambiguidade pode continuar por muito tempo. Se as coisas se tornarem difíceis, será o momento, então, de o pais optar com mais clareza entre Roosevelt e Perón.

No dia 18 de dezembro participei de uma mesa redonda na Fundação Getúlio Vargas de lançamento do livro de Marcus André Melo e Carlos Pereira, *Making the Brazil Work - Checking the President in a Multiparty System* (Palgrave MacMillan, 2013). É um livro extremamente rico, que analisa o sistema político brasileiro em seus diferentes aspectos - a presidência, a política de coalizões, o funcionamento dos estados, o papel do judiciário e das agências de regulação - fazendo uso de muitas evidências e comparando o Brasil com outros países, sobretudo da América Latina.

Com altos e baixos, a democracia brasileira tem funcionado sem interrupção desde 1985, contrariando algumas previsões mais sombrias de que nosso sistema político, denominado "Presidencialismo Multipartidário", ou, na formulação de Sérgio Abranches, "Presidencialismo de Coalizão", seria disfuncional e correria sérios riscos de ingovernabilidade e instabilidade. Sem deixar de reconhecer os problemas existentes, os autores argumentam que, na verdade, este sistema tem sido um grande sucesso e veio para ficar, graças à combinação de três fatores: uma presidência forte; a existência de "moeda política" – cargos, recursos orçamentários e decisões de política pública – que podem ser utilizados para manter a coalização parlamentar em linha; e um conjunto de controles externos que incluem o judiciário independente, o Tribunal de Contas, o Ministério Público, a imprensa livre, e outros. Com isto, a democracia brasileira, nos dizer dos autores, atingiu a maturidade, "has come to age". Este "sucesso inesperado" não teria ocorrido somente no Brasil, mas também em outros países, começando pelo Chile, aonde um arranjo semelhante também existiria.

Todo livro é, direta ou indiretamente, um diálogo com outros, e, no caso, dois ou três tipos de interlocutores podem ser identificados. Os primeiros são aqueles que argumentam que o sistema representativo é inerentemente perverso, e que deveria ser substituído por formas diretas de democracia. Este argumento não tem muita ressonância entre especialistas, mas é bastante popular em muitos setores da opinião pública, da juventude e dos movimentos sociais. Aqui, vale lembrar a famosa frase de Winston Churchill nos anos 40, de que a democracia é a pior forma de governo, exceto todas as outras que já foram tentadas. Marcus Melo e Carlos Pereira vão além de Churchill, no entanto, ao argumentar que nossa democracia, na verdade, funciona bastante bem.

O segundo grupo de interlocutores são os que, como Juan Linz, Fernando Henrique Cardoso e Bolívar Lamounier, defenderam a ideia de que nosso tradicional presidencialismo deveria ser substituído com vantagens por um sistema político parlamentarista, acompanhado de uma reforma do sistema partidário. Com a vitória do presidencialismo no plebiscito em 1993, a tese do parlamentarismo ficou de lado, o que não impede que muitos continuem apontando para os problemas de nosso presidencialismo e nosso sistema partidário e insistindo na necessidade de torná-los mais funcionais e mais representativos da sociedade. Contra estes os autores dizem que, claro, todo sistema político tem seus problemas, mas nosso presidencialismo funciona bastante bem, e não precisa de maiores reformas.

Eu concordo plenamente com os autores quanto à importância da democracia representativa, não somente como imperativo ético, mas também porque os sistemas políticos abertos e competitivos têm maior capacidade de administrar contradições e conflitos e abrir espaço para iniciativas e inovações do que os sistemas autoritários, sobretudo em países grandes e complexos como o Brasil, por mais eficientes que estes possam ser no curto prazo. Isto é mostrado com muita clareza por Bolívar Lamounier em seu livro *Da Independência à Lula: Dois Séculos de Política Brasileira* (Augurium, 2005) em que argumenta que foram muito poucos os períodos de regime fechado na história brasileira, e estes períodos foram muito mais instáveis do que as diferentes democracias que experimentamos, da monarquia parlamentarista à República Velha, passando pela Segunda República do pós-guerra e agora pela democracia aberta que já começou a existir antes mesmo que o regime militar acabasse.

Aonde eu concordo menos é na resposta ao dilema que eles colocam ao final do livro entre ver o copo como meio cheio ou meio vazio. Ao colocar ênfase no lado meio cheio, eles deixam de examinar o período do governo Sarney e a desastrosa eleição de Fernando Collor/Itamar Franco, e focalizam a atenção sobretudo nos governos de Fernando Henrique Cardoso e Lula, que podem ser considerados excepcionais em dois sentidos importantes. No primeiro caso, a legitimidade eleitoral obtida por Fernando Henrique Cardoso com o Plano Real, que lhe permitiu governar por alguns anos com uma equipe técnica altamente qualificada, organizando a economia do país (legitimidade eleitoral que não faltou a Collor no início, mas que não lhe serviu de nada). No segundo caso, os benefícios de uma conjuntura econômica internacional extremamente favorável que permitiu ao governo Lula fazer amplo uso das "moedas políticas" da distribuição de cargos e favores para garantir tanto o apoio parlamentar de que necessitava quanto a aprovação da opinião pública. Esta condição excepcional deixou de existir ao final do segundo mandato de Fernando Henrique Cardoso, e tudo indica que sua ausência está afetando também de maneira profunda o governo de Dilma Rousseff.

O fato de nosso presidencialismo ter funcionado razoavelmente bem nestes períodos excepcionais, e ter pelo menos sobrevivido ao descontrole do governo Sarney e à corrupção extrema do governo Collor, e ainda o fato de que a democracia brasileira funcione melhor do que a da Argentina, Venezuela ou do Equador (mas não, me parece, que a do Chile) não me parece suficiente para que nos acomodemos achando que tudo está bem. É necessário ter um standard de referencia mais alto. Nosso sistema de representação proporcional é extremamente problemático, fazendo com que os eleitores não saibam em quem votaram e os parlamentares só representem os grupos de interesse que os financiam diretamente. Pelo estatuto das medidas provisórias, o parlamento abdica de seu direito de legislar, em troca das "moedas políticas" que recebe do executivo para lhe prestar apoio.

Não há dúvida de que a barganha funcionou bem durante muito tempo, mas o governo Dilma tem enfrentando um parlamento cada vez mais rebelde, não no esforço de reafirmar sua responsabilidade legislativa, mas de aumentar cada vez mais as "moedas" que recebe (inclusive buscando tornar impositivas as emendas parlamentares), que se tornam cada vez mais escassas com o recesso econômico e o esgotamento da capacidade do governo de aumentar impostos e gastos. No impasse político que vai se gestando, a capacidade de ação o governo se reduz, e não faltam vozes no partido do governo propugnando bandeiras populistas que incluem desde a tentativa de controlar a imprensa até ao esforço por desmoralizar o judiciário, passando por políticas econômicas de curto prazo que continuam favorecendo a distribuição de benefícios em detrimento de uma racionalidade econômica de médio e longo prazo, dificultada ainda mais pelo calendário eleitoral que, a cada dois anos, paralisa o país. Creio que concordamos todos que estas vozes dificilmente vão prevalecer, pela própria complexidade da sociedade brasileira e de suas instituições. Mas nossa democracia não está imune a outros Collor e Sarneys, sem falar nos fantasmas de Kirschner e Cháves, e isto deveria nos preocupar.

Depois de alguns meses em Oslo, onde tudo é organizado e funciona, e a adrenalina nunca sobe fora dos campeonatos de esqui, foi emocionante voltar ao Brasil tendo que fazer uma conexão em Londres pela Varig em crise. O mais emocionante de tudo era a total falta de informações sobre o que estava acontecendo ou iria acontecer. Os telefones da companhia nas diversas capitais europeias haviam sido cortados, ou respondiam com musiquinha eterna do Antonio Carlos Jobim, e muito raramente atendia alguém, que dizia não saber de nada. Aproveitando a crise da Varig, as outras companhias que voam para o Brasil jogaram os preços nas alturas, e mesmo assim todos os voos estavam lotados para as próximas semanas.

A melhor recomendação que consegui foi embarcar para Londres como estava previsto, procurar a Varig no aeroporto, e ver o que ia acontecer. Chegamos às sete da noite, com várias malas, e o que encontramos foi dezenas de pessoas amontoadas ante um guichê onde dois funcionários tentavam atender de alguma maneira quem conseguia chegar até eles. Alguns haviam entrado na fila às duas da tarde, outros estavam tentando ser atendidos pelo segundo ou terceiro dia. Alguns conseguiam ser colocados em voos de outras companhias, outros não. Funcionários conversavam com os passageiros na fila, e davam informações desencontradas. A um estudante uruguaio, que dizia não ter dinheiro nem para comprar um sanduíche, disseram que não poderiam fazer nada, que a Varig não estava pagando gastos de hotel, e ele que procurasse sua embaixada para pedir ajuda. Um italiano chegou perguntando, inocentemente, aonde deveria entregar sua bagagem, e foi informado de que o voo não existia, que a Varig não voltaria a voar, e que ele deveria pedir à agência de viagens que devolvesse o dinheiro da passagem. Para uma moça educada que pedia o telefone da Varig em Londres para se queixar, deram um número que, quase certamente, não atenderia.

Onze da noite, depois de eu ter reservado e pago um hotel pela Internet, anunciaram aos que ainda estavam na fila que teriam um hotel pago pela companhia, e que em dois dias, esperavam, haveria um voo extra de Londres para o Brasil. Dois dias depois mandaram os que estavam no hotel para Frankfurt, aonde foi preciso enfrentar uma nova fila para conseguir o cartão de embarque para um dos dois voos que estavam saindo para o Brasil, em meio a boatos de que a tripulação estava exigindo seu descanso regulamentar, e não voaria. Minha impressão dos funcionários com quem lidei foi que estavam todos muito tensos, tendo que absorver e lidar com a ansiedade dos passageiros, temendo ser agredidos, e sem saber o próprio futuro, com a ameaça bastante real de perder seus empregos. A maioria conseguia se manter equilibrada e tratar bem todo mundo, mas ouvi muitas queixas de gente maltratada também.

A principal causa da confusão, me parece, foi a tática deliberada da companhia e seus novos donos de ir empurrando os problemas com a barriga, lidando com as crises e situações a cada momento, em vez de buscar uma solução organizada a previsível para a situação de falência, conhecida há tanto tempo. É uma tática que tem sua lógica. Se eu tivesse sido informado com antecedência que meu voo havia sido cancelado e a passagem perdida, eu teria comprado outra, arcado com o prejuízo e pronto, gastando um pouco de bílis, mas pouca adrenalina. Sem isto, fica a pressão de todos sobre a companhia e as matérias na imprensa, que, sem dúvida, ajudam a pressionar o governo e os credores por mais prazos, mais concessões, e assim ir vendo o que dá para salvar de todo este desastre. Nesta confusão, não existe previsibilidade, não há critérios claros sobre quem vai ou não ser atendido, e as soluções parecem variar tanto em função do "você sabe com quem está falando" como do humor dos funcionários, ou das instruções diferentes que recebem a cada momento. O fato de que havia em meu grupo um advogado bem relacionado em Brasília, e que o grupo se organizou para tratar em conjunto com a companhia, parece que ajudou bastante.

O que torna possível esta tática de empurrar com a barriga, me parece, é a insegurança jurídica que caracteriza a economia do pais, sobretudo numa área regulada como esta da aviação civil. Desde o início, a crise da Varig tem sido marcada por uma sucessão interminável de apelos, decisões e contra decisões judiciais, e um posicionamento pouco claro por parte do governo que, por um lado, tem conseguido evitar que o setor público, via BNDES, assuma todos os custos da falência da empresa, mas, outro lado, faz uma série de concessões em relação às dívidas com o fisco, uso de aeroportos, concessão de linhas, etc. Nisto, o governo tem apoio da opinião pública – uma enquete do site de *O Globo* na Internet mostrou que a maioria das pessoas achava que a viúva deveria acudir a Varig, e poucos eram a favor de uma "solução de mercado", aonde a Varig nunca conseguiu competir. Minha impressão é que, neste processo, a empresa foi se desorganizando cada vez mais, perdendo valor e espaço no mercado, e o resultado final está sendo pior para todos, desde as empresas internacionais que fornecem os aviões e deverão buscar mais garantias e proteção para assinar novos contratos até o público que é afetado pelas incertezas e não tem os benefícios de um mercado mais competitivo, sem falar, é claro, nos custos invisíveis dos impostos e taxas que o governo deixa de recolher, e que são pagos, em boa parte, por quem só anda de ônibus.

A Via democrática (2014)

É com prazer que comparto a publicação, pela Editora Campus - Elsevier, do livro que editei sob o título de *A Via Democrática*[12]. Este livro é resultado do seminário internacional realizado na Casa das Garças, no Rio de Janeiro, sobre o "Consenso Democrático para o Desenvolvimento", no dia 15 de maio de 2013, como parte de um projeto mais amplo desenvolvido pelo Instituto de Estudos do Trabalho e Sociedade (IETS) em colaboração com o Centre for Development and Enterprise, da África do Sul, e com o Legatum Institute, de Londres. Reúne os quatro trabalhos apresentados no evento – democracia e desenvolvimento econômico, de Marcos Lisboa e Zeina Latif; democracia e desenvolvimento social, de Simon Schwartzman e Maína Celidonio Campos; democracia e inovação, de Renato Pedrosa e Sérgio Queiroz; e democracia e corrupção, de Marcus Melo – que foram posteriormente revistos e traduzidos do original em inglês. Esses capítulos são precedidos de uma versão atualizada de "Democracia e governabilidade" publicado originalmente em *América Latina: Desafios da democracia e do desenvolvimento - governabilidade, globalização e políticas econômicas para além da crise* (iFHC e Elsevier Editora, 2009),

---

[12]https://www.elsevier.com.br/professores/livros/graduacao-areas-de-ciencia-tecnologia/economia/geral-economia/a-via-democratica/

organizado por Fernando Henrique Cardoso e Alejandro Foxley[13].

No prefácio, escreve Edmar Bacha que "os capítulos deste livro diagnosticam corretamente as mazelas de nossa democracia, as limitações de nossa economia, e delineiam alternativas para lidar de forma mais efetiva com a inovação, a educação, as políticas sociais e a corrupção. Eu agregaria que, entre as tarefas a cumprir, está a adoção de uma estratégia econômica que de fato possa conduzir o país ao chamado Primeiro Mundo". Adriana Abdenur, do BRICS Policy Center no Rio de Janeiro, nota que "a proliferação de modelos e ideologias no plano internacional serve como ponto de partida para uma discussão que gira em torno de um eixo duplo. Dadas as incertezas e os novos alinhamentos do pós-Guerra Fria, qual caminho deve ser trilhado para assegurar que a democracia e o desenvolvimento se alimentem mutuamente? Quais padrões e trajetórias aparecem na relação democracia-desenvolvimento, e que lições o Brasil pode aproveitar das experiências alheias? José Álvaro Moisés, da Universidade de São Paulo, lembra que "o Brasil superou impasses estruturais de muitas décadas, redefiniu os rumos de sua economia e adotou políticas sociais inovadoras, mas a qualidade da sua democracia continua em questão, em especial, o sistema de representação política, o controle da corrupção e o funcionamento do presidencialismo de coalizão. O livro traz luz nova sobre essas questões".

---

[13] https://archive.org/details/DemocraciaEGovernabilidade

E Adrian Wooldridge, do *The Economist*, conclui dizendo que "esta coleção de ensaios não poderia ter vindo em melhor hora. Eles expõem, sem concessões, as falhas da versão brasileira de democracia. Mas também demonstram a enorme força da democracia no Brasil: não só porque garante direitos básicos a todos, mas também porque oferece uma maneira de resolver os problemas que aproveita a criatividade das pessoas. A resposta para os problemas da democracia é a construção de uma democracia melhor. Este livro oferece algumas sugestões valiosas de como isso pode ser feito".

As eleições de 2014[14]

Eleições, democracia e instituições (29 de setembro)

A certeza de que os resultados das urnas serão respeitados é prova de que a democracia brasileira está funcionando bem em um aspecto central, o sistema eleitoral. Mas os exemplos de vizinhos como Venezuela e Argentina mostram que democracia é muito mais do que eleições – ela requer também instituições sólidas, que permitam que o governo funcione de forma competente e eficiente; uma ordem legal que proteja e garanta a liberdade e os direitos individuais; e um sistema político-partidário que seja percebido pelos cidadãos como capaz de articular e representar seus interesses e preocupações. As democracias modernas também necessitam abrir espaço para a participação dos cidadãos em diversas áreas de seu interesse, acompanhando e complementando a ação dos governantes. Vista assim, a democracia brasileira está ainda longe do que deveria ser, e o risco de resvalar pela ladeira do "bolivarismo" de tipo venezuelano é bastante real.

Os episódios recentes que atingiram o IBGE, assim como o debate recente sobre a autonomia do Banco Central, permitem entender com clareza a importância das instituições em um regime democrático, que afeta também as agências regulatórias, o Supremo Tribunal Federal, as universidades públicas, o Ipea, a Receita Federal e a Polícia Federal, assim como empresas

---

[14] Textos publicados no jornal *Folha de São Paulo* entre de setembro e outubro de 2014.

estatais como Petrobras, Banco do Brasil, Caixa Econômica e BNDES. O governo federal, em nome da sociedade, tem responsabilidade e obrigação de indicar os principais dirigentes dessas instituições, orientar suas ações e cobrar resultados, o que é muito diferente de ter a liberdade de nomear, simplesmente, seus preferidos políticos e interferir, sem mais aquela, no dia a dia de suas atividades. É para isso que devem existir regras definidas sobre as características que os indicados precisam ter (competência técnica, idoneidade, ausência de conflitos de interesse), mandatos definidos, aprovação das indicações pelo Senado, e conselhos superiores encarregados de supervisionar e também de proteger as instituições de interferências externas indevidas.

O governo FHC avançou bastante ao dotar as agências reguladoras de autonomia e garantir, na prática, a independência de instituições como o IBGE, o Ipea e o Banco Central, sem chegar a lhes dar, no entanto, a estrutura legal de instituições autônomas de que necessitam. Os governos do PT usaram as agências reguladoras e as estatais para distribuir cargos para aliados e protegidos, e só agora o país percebe o alto preço que está pagando, entre outros, pelo uso político da Petrobrás e da Eletrobrás. O Ipea e o IBGE, sem mandatos e formatos institucionais claros, se perdem em confusões técnicas que criam suspeitas sobre interferências políticas. E o posicionamento da candidata Dilma contra a autonomia do Banco Central mostra que ela não reconhece a importância de instituições públicas sólidas para uma democracia que realmente funcione. Não é um bom sinal.

A campanha de Marina trouxe à luz questões centrais, que o candidato da oposição tem a tarefa de incorporar e levar adiante.

A primeira é a grave questão ambiental e climática, inseparável do problema da energia, que está longe de ser, simplesmente, um amor romântico pelo verde das florestas. Estamos vivendo uma seca sem precedentes, com os paulistas ameaçados de ficar sem água, o petróleo substituindo as hidroelétricas e a poluição do ar das cidades se agravando, enquanto o governo desorganiza a economia do setor de energia, passando a conta para a população, incentiva a produção de automóveis que não cabem mais nas ruas, subsidia a gasolina, leva à falência a indústria do álcool e perde o controle do desmatamento. A questão ambiental já consta do programa de governo de Aécio Neves, mas não teve ainda destaque na campanha. É de se esperar que, com a contribuição de Marina e sua equipe, ela adquira a prioridade que precisa ter.

A segunda é a crise do sistema político-partidário, que Marina prometeu superar ao dizer que faria um governo com "os bons" de todos os partidos, e ao insistir na necessidade de fortalecer a participação da sociedade na vida política do país. Muitos consideraram a primeira proposta ingênua. Como governar sem fazer concessões aos bandidos de sempre? Sobre isto, é importante lembrar que grande parte da degradação da política brasileira dos últimos anos foi resultado da opção do PT de declarar o PSDB como seu principal inimigo e buscar aliados entre as oligarquias mais retrógadas do país, compradas por debaixo do pano. Com isto o governo perdeu não somente a possibilidade de ter o apoio do PSDB para políticas econômicas e sociais apropriadas, que não seria negado, como alienou muitos que apoiaram o PT em seu início, acreditando que ele seria, de fato, o partido da ética e dos valores sociais. Existe muito espaço e possibilidades de uma real aliança dos "bons", que cabe agora a Aécio Neves articular.

O tema da participação da cidadania é mais difícil, mas estava presente nos protestos de junho de 2013, que Marina procurou encarnar. A ideia de que a democracia requer não somente partidos, mas formas ativas de participação, é antiga e está presente na Constituição de 1988. Ela se perverte, no entanto, quando organizações da sociedade civil se transformam em ONGs profissionais financiadas com dinheiro público, ou quando o direito de organização sindical é substituído por sindicatos financiados com o imposto sindical. O primeiro Lula, ainda dos anos da ditadura, surgiu como oposição ao peleguismo sindical, mas se transformou, depois, em seu principal defensor. É um tema que precisa ser reaberto.

Já é hora, também, de questionar os mandatos de quatro anos, as reeleições, o financiamento das campanhas e os partidos de aluguel, como parte de uma reforma mais ampla do sistema eleitoral, para que os governantes tenham tempo de governar e a sociedade se sinta representada por eles.

Apesar do afundamento da economia e dos escândalos de corrupção, muitos que ainda apoiam o governo preferem deixar os fatos de lado e fazer uma escolha ideológica - votar na candidata do PT seria votar pelo povo, pela "esquerda", contra o candidato que representaria as elites e a "direita". O que importa seria a luta de classes, o social contra o mercado, e tudo o demais, parte da guerra de propaganda da oposição, "malfeitos" ocasionais a serem corrigidos, ou problemas criados pelo contexto internacional.

A história das políticas sociais do PT ajuda a entender a dificuldade desse raciocínio. Lula chegou ao poder em 2002 anunciando o Fome Zero, que pretendia mobilizar a sociedade e colocar toda a produção agrícola do país nas mãos do Estado para garantir a "segurança alimentar" da população. Malnascido, o programa foi enterrado depois que o IBGE mostrou que, mais do que a fome, o problema do país era a pobreza e a obesidade. Em seu lugar veio o Bolsa Família, inspirado nos programas de "transferência condicionada de dinheiro" que já existiam no México (Oportunidades), Colômbia (Familias en Acción), Chile (Subsidio Unitario Familiar) e outros. O grande incentivador desses programas era o Banco Mundial, que propunha que as políticas sociais deveriam ser focalizadas nos mais pobres e que por isto foi acusado de tentar destruir as políticas "universais" que, no Brasil, ainda colocam a maior parte dos recursos nas mãos dos mais ricos. De direita ou esquerda, o Bolsa Família, embora não tenha tido o impacto esperado na educação ou na saúde nem tenha melhorado a distribuição dos gastos sociais, trouxe algum alívio a milhões de pessoas em situação de pobreza extrema e, por isto, todos hoje concordam que deve ser mantido enquanto necessário. Ser contra ou a favor do Bolsa Família deixou há muito de ser uma questão ideológica, se é que foi um dia.

A segunda dificuldade é que, se por um lado é verdade que existem em toda parte conflitos de interesse entre pobres e ricos, trabalhadores e capitalistas, regiões ricas e regiões pobres, os países que conseguem avançar não são aqueles em que um lado se impõe, dividindo ou se apropriando do pouco que têm, mas os que conseguem construir consensos e gerar oportunidades e riqueza que continuarão a ser objeto de disputas de interesse, só que em patamar mais alto.

Em uma eleição presidencial majoritária, o melhor candidato será aquele que, sem ignorar os conflitos de interesse e favorecer determinadas políticas, conseguir convencer a população de que é capaz de construir e desenvolver este consenso. O mesmo raciocínio se aplica ao contexto internacional. É certo que oscilações da economia mundial podem afetar muito fortemente países como o Brasil, mas o que move a economia internacional não são, predominantemente, os conflitos entre o Primeiro e o Terceiro Mundo, e sim os espaços e as possibilidades de cooperação, comércio e intercâmbio de conhecimentos, que beneficiam os que participam e deixam de lado os que se excluem por escolhas ideológicas que ignoram a realidade.

Escrevo na véspera do segundo turno, sem saber o resultado. As eleições deveriam ser uma oportunidade para que a sociedade se revigore, com uma liderança enriquecida pelo confronto de ideias e fortalecida pelo apoio da sociedade. Infelizmente, o que se viu neste final de campanha foi um país fraturado, em um momento em que a economia estagnou e as políticas sociais tradicionais parecem ter se esgotado, com a desigualdade persistindo, o desastre da educação que não melhora e o agravamento da violência urbana. Expressei por diversas vezes minha convicção de que a oposição tem um melhor diagnóstico, melhores quadros e mais condições de construir consensos e avançar; seu grande problema no governo seria a perspectiva de uma oposição empedernida que levasse o país à paralização. No outro lado, os exemplos do primeiro governo Lula, ao endossar o Plano Real, substituir o fome zero pela bolsa família e manter os sistemas de avaliação da educação, assim como o do início do governo Dilma, ao parecer enfrentar a corrupção em seu ministério e assumir uma posição mais clara, internacionalmente, em defesa dos direitos humanos, e, mais recentemente, ao buscar a participação do setor privado nos investimentos, mostraram que o PT tem condições de atuar de forma pragmática e buscar sair das amarras ideológicas e das práticas políticas que predominaram até aqui, com a vantagem que teria o apoio da oposição se efetivamente procurar avançar.

Então, há razões para algum otimismo. Apesar da polarização da campanha, buscando dividir o país entre "nós" e "eles", existem alguns consensos que sobre os quais se pode construir: as conquistas sociais precisam ser mantidas e aprofundadas, a corrupção na administração pública precisa ser contida, a economia precisa recuperar seu dinamismo, a educação precisa melhorar, a violência precisa ser enfrentada, as questões ambientais, climáticas e energéticas precisam tratadas seriamente, e o sistema representativo precisa ser repensado.

Não será possível continuar lidando com estas questões como quando o dinheiro fluía para o governo pelo aumento de impostos, pelos ventos favoráveis do comércio internacional ou pelo endividamento crescente, e as políticas públicas eram sinônimo de distribuir benefícios e garantir privilégios. Persiste ainda a ideia de os recursos públicos são infinitos, de que 2+2=5, quando corre o risco de ser 3 ou menos. Sair desta ilusão é difícil, porque requer contrariar interesses e expectativas de tantos que querem sempre mais, sem abrir mão de nada nem admitir que a mágica não existe, e que Deus não é brasileiro.

Existe sempre a tentação de tentar sair desta situação pela intolerância, dogmatismo e acirramento dos conflitos, substituindo o pragmatismo do possível pelo absolutismo das convicções, colocando o país em um plano inclinado de conflito, desorganização e decadência, que olhando em volta vemos que pode não ter fim. Existe espaço para se pensar novamente em um pacto social, em benefício do país?

As Instituições e o Mal-Estar na Sociedade (2014) [15]

As centenas de milhares de pessoas que foram às ruas das cidades brasileiras, em junho de 2013, trouxeram à tona a insatisfação com os governantes que já existia de forma latente, provavelmente agravadas pelas frustrações causadas pela paralisação da economia, o aumento da inflação e a má qualidade dos serviços públicos. Aos poucos, o número de pessoas nas ruas foi se reduzindo e, em 2014, as manifestações passaram a ser feitas por grupos menores e mais organizados, como o Movimento dos Trabalhadores sem Teto, em São Paulo, na tradição das ocupações de fazendas e edifícios públicos do Movimento dos Sem Terra; organizações estudantis, na ocupação de universidades; sindicatos do setor de serviços públicos, como professores, policiais, metroviários e lixeiros; e grupos anarquistas como os "black blocs", que buscam deliberadamente criar situações de confrontação com a polícia para desmoralizá-la. Nesta mistura de grupos e motivações, entraram também grupos criminosos como os que, no Rio de Janeiro, se mobilizaram para destruir as políticas de pacificação das favelas das UPPs, a pretexto de protestar contra a violência policial. Um dos efeitos desta radicalização foi atingir milhões de pessoas que, além de sofrerem os efeitos das dificuldades econômicas e da precariedade dos serviços públicos, passaram a ter também suas vidas afetadas no dia a dia pelos transportes públicos interrompidos, as ruas interditadas

---

[15] Publicado originalmente em *Interesse Nacional,* 7, 27, outubro-dezembro de 2014

e as escolas fechadas. Em sua maioria, elas deixaram de ir às ruas protestar e reagiram com indiferença ao movimento de "Não vai Ter Copa", que pretendia ser a culminação de um ano de protestos.

Em maio de 2014, um grupo de professores universitários publicou um manifesto público "pelo direito de manifestação, pelo direito de ir e vir", que assinalava, entre outras coisas, que "mentes autoritárias, com profundo desprezo pelo direito alheio, terão sempre justificativas para essas ações na suposta justiça das causas que defendem ou na relevância das denúncias que propagam. As causas podem até ser justas, mas a alteração no tempo e na ordem da vida das pessoas não pode se tornar algo banal, corriqueiro. Um efeito dessa avalanche de manifestações que não titubeiam em afetar profundamente a vida das pessoas nas cidades é o descrédito e o desgaste de qualquer manifestação. Isso não é democracia, mas prepara sua destruição". E concluía: "Exigimos que nossos direitos constitucionais sejam garantidos. Não aceitamos vê-los usurpados por pequenos ou grandes grupos que têm direito de se manifestar, mas não de impor seus pontos de vista. O direito de manifestação, assim como o de greve, precisa ser preservado e mantido dentro de seus limites legais. Conclamamos à reação contra a escalada antidemocrática das manifestações que não respeitam os direitos elementares dos cidadãos".

O manifesto repercutiu na internet e na imprensa, recebeu mais de 500 assinaturas de pessoas expressivas, mas encontrou também resistência entre pessoas que não teriam por que discordar da afirmação de que "o direito de manifestação, assim como o de greve, precisa ser preservado e mantido dentro de seus limites legais". As dúvidas e as objeções que foram levantadas ajudam a entender, pelo menos em parte, porque estes comportamentos são tolerados. Para alguns, o problema era que o texto se colocava ao lado da lei e da ordem, sem reconhecer a justeza das causas de muitas manifestações. Para outros, a objeção foi de que o texto não era equilibrado, porque criticava os abusos das manifestações, mas não os abusos da polícia. Comum aos dois tipos de objeção era uma crença implícita na superioridade moral e ética dos manifestantes em relação às instituições públicas e o receio de aparecer como defendendo os princípios da prevalência da lei como se fosse uma posição reacionária, e não, simplesmente, um componente central das sociedades democráticas. Havia, ainda, os que adotavam argumento utilitário: esse tipo de manifestação seria legítimo porque manifestações "comportadas" não chamam atenção suficiente. Por fim, havia os que justificavam barbárie com barbárie: erros e desrespeito por parte de governantes e agentes da lei justificariam comportamentos equivalentes por parte de manifestantes. Esta atitude de defesa ou aceitação implícita das manifestações violentas, bastante generalizada em certos meios intelectuais, é também muito presente entre os políticos, que temem ser vistos como contrários às reivindicações populares.

Esta ambivalência deve ser vista no contexto mais geral da crise do sistema representativo brasileiro e do papel que as organizações sociais têm nele ocupado. No papel, o Brasil tem um sistema político representativo em que instituições, como os partidos políticos, o legislativo, os tribunais e o executivo, da Presidência aos prefeitos, são eleitos ou nomeados segundo regras claras e governam em nome da maioria, garantindo, ainda, os direitos individuais e das minorias, que são essenciais nos regimes democráticos. Na prática, é uma democracia frágil, em que as pessoas não se sentem adequadamente representadas pelos eleitos, os governantes frequentemente colocam seus interesses privados acima do interesse público e os direitos legais são abusados pelos ricos e extremamente escassos para o cidadão comum. É também uma democracia ineficiente, em que os governantes e suas burocracias funcionam mal, desperdiçam recursos, se submetem com facilidade a pressões de grupos de interesse e da opinião pública e negociam cargos e privilégios para se manter no poder. Para alguns cientistas políticos, não poderia ser de outra forma: o mundo é assim mesmo, cheio de imperfeições, e nosso "presidencialismo de coalizão" funcionaria bem e seria tão normal quanto o de qualquer outra democracia moderna. Mas a população não pensa assim e sai à rua para protestar.

Se as instituições democráticas não funcionam bem, o que colocar em seu lugar? A vitória do PT nas eleições de 2002 trouxe consigo uma ideia aparentemente nova, que seria a de colocar as instituições governamentais sob a influência, controle ou, no extremo, substituí-las totalmente pelo que se chamou de "sociedade organizada". No limite, o povo decidiria em praça pública o orçamento das prefeituras; as associações de professores e a UNE controlariam o Ministério e as secretarias de educação; os sindicatos definiriam as regras e os valores do mercado de trabalho; os índios controlariam a Funai; o MST, o Ministério da Reforma

Agrária; os ambientalistas, a política de meio ambiente; o movimento negro, a Secretaria de Promoção da Igualdade Racial; e uma multiplicidade de conselhos estaduais e municipais - de alimentação escolar, saúde, bolsa família, assistência social, educação - controlariam o funcionamento dos governos no nível federal, dos estados e dos municípios. Os empresários também seriam contemplados, pela participação em um grande Conselho de Desenvolvimento Económico e Social. Os partidos políticos e as agências públicas tradicionais (prefeituras, secretarias, ministérios) seriam, aos poucos, ocupados ou substituídos por movimentos sociais que, tal como os sindicatos, passariam a receber subsídios diretos e indiretos do governo.

A ideia da importância política das organizações sociais é bem antiga e data, pelo menos, do estudo clássico de Alexis de Tocqueville sobre a democracia nos Estados Unidos no século XIX, que teria como uma de suas principais características a presença de "organizações intermediárias" da sociedade civil - igrejas, organizações profissionais, organizações voluntárias -, que fariam a ponte entre os indivíduos e o Estado e dariam consistência e legitimidade ao governo democrático. Na trilha de Tocqueville, existe uma grande linha de estudos e pesquisas sobre o tema, tratando de identificar as características da "cultura cívica" ou do "capital social" nas sociedades contemporâneas e as consequências de sua existência ou sua falta. Esta é, também, a tradição intelectual do corporativismo, favorecido pela Igreja Católica tradicional e que foi importada da Itália pelo Estado Novo, nos anos 1930.

Independentemente da questão mais ampla do papel histórico destas organizações, o fato é que os lobbies, ONGs e grupos de pressão que existem nas sociedades de hoje têm pouco a ver com as associações comunitárias tradicionais de cem anos atrás, cujo virtual desaparecimento nos Estados Unidos é o tema do livro clássico de Putnam, *Bowling Alone*, lamentado por Francis Fukuyama e analisado em todas suas implicações por Theda Skocpol[16]. Se, na tradição de Tocqueville, a sociedade civil é vista como o cimento que dá a sustentação à democracia, em sua versão perversa, o apelo às "forças organizadas" da sociedade e da nação serve de fundamento para o fascismo em suas diferentes manifestações, desde a Itália e Alemanha até, mais perto de nós, o peronismo na Argentina, o "bolivarianismo" venezuelano e o próprio varguismo.

Qual tem sido o resultado desta tentativa de trazer os movimentos e organizações sociais para dentro do governo? Isto tornou-o mais ou menos democrático? Melhorou a qualidade das políticas públicas? Fez com que elas se tornassem socialmente mais justas,

---

[16] Almond, Gabriel Abraham, e Sidney Verba. 1963. *The civic culture; political attitudes and democracy in five nations.* Princeton, N.J.,: Princeton University Press; Fukuyama, Francis. 2000. *Social capital and civil society*, IMF working paper. Washington, DC: International Monetary Fund, IMF Institute; Putnam, Robert D. 2001. *Bowling alone: the collapse and revival of American community.* New York: Touchstone; Skocpol, Theda. 2003. *Diminished democracy: from membership to management in American civic life*, The Julian J. Rothbaum distinguished lecture series, vol. 8. Norman: University of Oklahoma Press.

atendendo prioritariamente às populações mais necessitadas?

Não temos respostas claras para estas questões, mas existem muitas informações sobre estas experiências que permitem chegar a algumas aproximações. Dados do Cadastro Nacional Central de Empresas, mantido pelo IBGE, permitiram que fosse elaborada uma estatística de- talhada das entidades sem fins lucrativos no Brasil, das quais fazem parte as fundações e organizações não governamentais[17] . Em 2010, havia no Brasil 557 mil unidades locais de entidades sem fins lucrativos, das quais (excluindo condomínios, cartórios, conselhos e outras organizações criadas por lei) 291 mil eram Fundações Privadas e Associações sem Fins Lucrativos (Fasfil), empregando 2,1 milhões de pessoas. Não se trata de uma novidade - 60% foram criadas antes do ano 2000 - mas suas características vêm se modificando. Resumindo os principais resultados encontrados, diz o estudo que "uma análise geral das atividades desenvolvidas por essas instituições revela sua enorme diversidade, entre as quais se destacam as entidades voltadas à defesa de direitos e interesses dos cidadãos (30,1%) e as religiosas (28,5%). Atuando nas áreas tradicionais de políticas públicas de saúde, educação e pesquisa e assistência social, encontram-se apenas 18,6% dessas entidades. A idade média das Fasfil é de 14,4 anos e grande parte delas (40,8%) foi criada no período de 2001 a 2010. No grupo de entidades mais antigas, criadas antes dos anos 1980, predominam as entidades de religião (39,5%) e cultura e recreação

---

[17] IBGE, e IPEA. 2012. *As Fundações Privadas e Associações sem fins Lucrativos no Brasil - 2010*. Rio de Janeiro: IBGE.

(19,6%). Entre as mais novas, criadas nos primeiros dez anos deste milénio, destacam-se as entidades de defesa de direitos e interesses dos cidadãos (30,6%) e, novamente, as de religião, num patamar bem mais reduzido (27,0%)" (p.75).

A este fenómeno de crescimento das organizações de defesa de direitos deve-se somar o grande número de conselhos e órgãos participativos criados por lei. Segundo dados da Base de Informações Municipais do IBGE de 2013, 85% das cidades brasileiras contam com conselho municipal de educação, 99,5% têm conselho municipal de saúde, e 68% têm conselho municipal de meio ambiente. Além disto, existem conselhos de direitos da mulher, de controle de acompanhamento social do Fundeb, conselhos escolares, conselhos de alimentação es- colar e conselhos de transporte escolar, entre outros.

Sobre os efeitos destas formas de participação social no desempenho das agências de governo, um caso muito estudado é o da experiência de orçamento participativo de Porto Alegre, iniciada ainda na década de 1990 e que serviu de modelo para muitas outras experiências em outras partes. Diversos estudos mostram alguns resultados significativos desta experiência, sobretudo do ponto de vista político, ao envolver parte da comunidade em decisões de questões de seu interesse mais imediato e também na redistribuição de uma pequena parcela de recursos do município conforme as demandas da população de baixa renda da cidade. Mostram também as limitações municipais, tanto para lidar com os problemas mais complexos da administração local, como o de regularização fundiária, como para sua generalização, tanto para outros municípios sem a mesma tradição de organizações sociais, como Porto Alegre, como para a esfera estadual. Outros estudos, no entanto, indicam que as expectativas originais deste tipo de arranjo foram, em geral, exageradas[18]. Um estudo sobre o impacto dos Conselhos Municipais de Educação, em 2010, em Minas Gerais, não mostra relação significativa entre a sua existência e os resultados dos alunos nas avaliações de desempenho[19]. Ter ou não ter conselhos municipais parece ser, sobretudo, uma formalidade, que não se traduz necessariamente em melhores resultados para a população.

---

[18] Avritzer, Leonardo, Zander Navarro, e Adalmir Marquetti. 2003. *A inovação democrática no Brasil: o orçamento participativo:* Cortez Editora; Avritzer, Leonardo, e Zando Navarro. 2003. *O Orçamento Participativo e a Teoria Democrática - Um Balanço Crítico, A inovação democrática no Brasil.* São Paulo: Cortez; Cohen, J., e A. Fung. 2004. "Radical democracy." *Swiss Journal of Political Science* 10 (4):23-34; Cornwall, Andrea. 2007. Deliberating Democracy: Scenes from a Brazilian Municipal Health Council. In *Working Paper.* Sussex, Brighton: Institute of Development Studies; Fedozzi, Luciano. 2001. "Práticas Inovadoras de Gestão Urbana: o paradigma participativo." *Revista Paranaense de Desenvolvimento* (1000):93-107; Wampler, B., e L. Avritzer. 2004. "Participatory publics: civil society and new institutions in democratic Brazil." *Comparative Politics*:291-312.

[19] Schwartzman, Simon, e Maria Ligia de Oliveira Barbosa. 2010. Desempenho escolar e características e ações dos municípios em Minas Gerais. Rio de Janeiro: IETS. https://archive.org/details/DesempenhoEscolar

83

Uma característica central destas instituições é que elas dependem de financiamentos de governo ou grupos e fundações privadas nacionais ou estrangeiras, já que não dispõem de contribuições das pessoas que pretendem representar. O financiamento público de organizações não governamentais no Brasil data pelo menos da organização dos sindicatos pelo Estado Novo, na década de 30, através do Imposto Sindical, assim como das transferências para as instituições patronais do "Sistema S". Esta situação de dependência tira a autonomia das organizações sociais e abre espaço para a corrupção, conhecida no passado como "peleguismo", que se manifesta hoje em múltiplas esferas, tal como visto recentemente nos escândalos que envolveram os ministérios do Trabalho e dos Esportes, entre outros. Analisando a questão na América Latina, Sorj e Martuccelli escrevem que "as ONGs, este novo fenómeno de representação sem delegação - ou melhor, de auto delegação sem representação -, permitem canalizar as energias criativas dos ativistas sociais para novas formas de organização separadas do público, cujas necessidades pretendem representar"[20] Mais amplamente, uma pesquisa de 2001 sobre movimentos populares no Chile e no Brasil, realizada pelo Instituto de Pesquisa das Nações Unidas para o Desenvolvimento Social, mostrou que, à medida que essas organizações de movimentos sociais se tornam dependentes do go- verno ou do financiamento internacional para sua sobrevivência, elas tendem a entrar em declínio:

---

[20] Sorj, Bernardo, e Danilo Martuccelli. 2008. *El desafío latinoamericano : cohesión social y democracia* Buenos Aires: Siglo XXI - Editora Iberoamericana, p. 132.

"As organizações de base podem simplesmente prestar serviços sociais para o Estado (saúde e reforma educacional no Chile) ou ser divididas e desmobilizadas por disputas burocráticas internas (reforma da saúde no Brasil). Em todos os casos, um maior envolvimento com as agências estatais deixou as organizações expostas aos controles clientelistas e ao caciquismo político. As organizações de base em toda a América Latina agora não podem sobreviver sem financiamento estatal. Mas, o preço é muitas vezes a perda de sua capacidade de manter uma postura crítica ou promover projetos alternativos de desenvolvimento. Com ou sem o Estado, elas estão cada vez mais preocupadas com sua própria sobrevivência financeira, muitas vezes em detrimento das clientelas às quais se destinam a servir. Muitas organizações desaparecem, e líderes de base saem para trabalhar em outra coisa"[21]

A pouca eficácia destas formas participativas não impediu que elas recebessem apoio governamental crescente nos últimos anos, dada a prevalência de critérios políticos e ideológicos sobre critérios de eficácia ou desempenho. Dados da Associação Brasileira de Organizações Não Governamentais (Abong) mostram que, entre 1999 e 2010, os recursos da União transferidos a organizações não governamentais passou de R$ 2,224 milhões a R$ 4,106 milhões. Nesse período,

---

[21] Foweraker, Joe. 2001. "Grassroots Movements, Political Activism and Social Development in Latin America A Comparison of Chile and Brazil". In *Civil Society and Social Movements Programme Paper Number 4*. New York: United Nations Research Institute for Social Development.

a porcentagem das 200 organizações associadas à Abong, que dependiam em mais de 40% do governo federal, passou de 16,7% para 37,4% entre 2000 e 2007[22].

Um problema fundamental com este modelo foi que ele supunha que não haveria conflitos destes movimentos entre si e com os governos que os estavam estimulando e financiando; o único inimigo seria uma "elite" abstrata, que caberia ao governo, junto com os movimentos e o "povo", combater e derrotar em sucessivas eleições. Na prática, sempre existiram tensões entre o governo federal e os movimentos de ambientalistas, por exemplo, ou de trabalhadores rurais, que foram contidos em grande medida por concessões graduais e cooptação de suas lideranças. Mas, esta acomodação passou a se tornar mais difícil na medida em que os recursos à disposição do governo começaram a diminuir e as frustrações, e as demandas se tornaram mais radicais.

As manifestações que começaram a ganhar corpo em 2013, e que continuaram em ondas sucessivas de greves e protestos em todas as principais cidades brasileiras, pareciam indicar o início de uma nova fase. A iniciativa, agora, teria passado para algumas das organizações criadas no período anterior, lideradas por suas alas mais radicais; mas, sobretudo, por grupos e movimentos

---

[22] Ojeda, Igor. 2012. "A Complexa Relação entre Estado e ONGs." *Desafios do Desenvolvimemto (IPEA)* 9 (71).

sociais que teriam se formado espontaneamente, pela mágica das redes sociais e da internet.

Diante do movimento das ruas, uma primeira reação de governos e de líderes de organizações sociais mais estabelecidas foi de reconhecer a justeza das reivindicações e tentar cooptar os movimentos, indo também para as ruas e tentando atender prontamente às reivindicações. Isto não deu certo, no entanto, em parte pela hostilidade de muitos manifestantes aos partidos políticos e aos movimentos sociais organizados, e em parte pelo radicalismo e natureza difusa de muitas das demandas. A segunda reação foi o retraimento, com governos e organizações sociais temendo ser identificados como membros das "elites" e contrárias ao "povo" e às suas causas. Um dos resultados foi a erosão da legitimidade e a paralisia das autoridades públicas e de lideranças políticas, quando confrontadas com invasões de propriedade, ocupações de prédios e obras públicas, greves ilegais, bloqueios das vias públicas e depredações que se sucedem e se ampliam.

É neste contexto que deve ser visto o Decreto 8.243 da Presidência da República, de 23 de maio de 2014 - poucos meses antes, portanto, das eleições presidenciais -, que "institui a Política Nacional de Participação Social (PNPS) e o Sistema Nacional de Participação Social (SNPS) e dá outras providências". O decreto, em seu artigo 2o, identifica dez "instâncias e mecanismos de participação social" (sociedade civil - o cidadão, os coletivos, os movimentos sociais institucionalizados ou não institucionalizados, suas redes e suas organizações; conselho de políticas públicas, comissão de políticas públicas, conferência nacional, ouvidoria pública federal, mesa de diálogo, fórum Interconselhos, audiência pública; consulta pública; e ambiente virtual de participação social). O Decreto, no artigo 5o, estabelece que "os órgãos e as entidades da administração pública federal direta e indireta deverão, respeitadas as especificidades de cada caso, considerar as instâncias e os mecanismos de participação social, previstos neste Decreto, para a formulação, a execução, o monitoramento e a avaliação de seus programas e políticas públicas", criando, para isto, um complicado "Sistema Nacional de Participação Social" vinculado à Secretaria Geral da Presidência da República cujo titular, Gilberto Carvalho, é o responsável, dentro do governo, pelas articulações políticas com os movimentos sociais e a "sociedade organizada".

O decreto gerou grande controvérsia, tendo sido interpretado, por um lado, como uma medida importante para consolidar as experiências de participação social no governo, e, por outro, como uma tentativa de substituir a democracia representativa vigente por um sistema participativo de inspiração chavista e bolivariana, com todos os seus problemas. Sem ir aos extremos, não há dúvida de que o decreto é um esforço de restabelecer a inspiração original do modelo de política participativa, buscado desde o início do primeiro governo Lula, na esperança de que ele pudesse trazer de volta os dividendos políticos do passado, com impacto nas próximas eleições. Não parece provável, no entanto, que esta medida consiga reverter os desgastes sofridos por estas organizações ao longo dos últimos anos.

Não há dúvida de que o sistema representativo brasileiro precisa ser profundamente alterado em aspectos como o sistema eleitoral, o sistema partidário e o financiamento de campanhas. Não há dúvidas também de que as democracias modernas devem incluir formas adequadas de participação da sociedade, por mecanismos múltiplos que vão das consultas aos referendos, passando por diversas formas de vinculação entre a administração pública em seus diversos níveis e a sociedade civil em seus diferentes formatos, mantendo os espaços abertos para manifestações e mobilizações em torno de temas que não estejam sendo atendidos devidamente pelas políticas vigentes.

Dito isto, é importante ter em mente que não é possível satisfazer ao mesmo tempo todas as demandas e todos os grupos da sociedade - salários altos, financiamentos baratos para carros e casas, educação de qualidade e gratuita, atendimento médico de alta qualidade e gratuito para todos, transportes públicos gratuitos, proteção ao meio ambiente, excelentes aposentadorias e pensões - tudo conforme o Padrão FIFA. Além das limitações de recursos, muitas destas demandas são contraditórias e necessitam ser arbitradas. Cabe às lideranças políticas e aos governos mostrar que estão empenhados em fazer o melhor dentro dos limites possíveis e, para isto, necessitam da legitimidade que só um sistema representativo bem constituído e fundado em um ordenamento legal respeitado podem proporcionar.

No regime democrático em que vivemos, não deveria ser necessário fazer um abaixo assinado em defesa dos direitos de manifestação e do direito de ir e vir, ambos assegurados pela Constituição e pelas leis. No entanto, a repercussão do abaixo assinado publicado dois dias atrás, assim como as dúvidas que suscitou, mostram que tocamos em uma ferida sensível.

Que vivemos uma época de manifestações e greves violentas e abusivas, que bloqueiam estradas e ruas das cidades, suspendem os transportes públicos, retiram a polícia das ruas, invadem universidades, deixam crianças meses a fio sem aulas, ocupam e depredam prédios públicos e privados, ninguém duvida. Por que isto acontece? Por que pessoas e movimentos que se identificam como portadores da defesa do bem público adotam tais procedimentos? E por que a sociedade parece não reagir, fazendo prevalecer o bem estar coletivo sobre os interesses individuais?

Não há dúvida que o caldo de cultura do abuso e da violência é o efeito combinado da desmoralização das instituições representativas e da classe política e do não atendimento satisfatório de aspirações legítimas e crescentes de imensa parcela da população. É saudável que a população se manifeste contra esta situação indo para as ruas, expressando suas opiniões, fazendo greves quando necessário e escolhendo melhor seus dirigentes

---

[23] Publicado em *Estadão Noite* de 28/05/2014)

nas eleições. Mas este clima também tem sido acompanhado do uso da violência e da intimidação como método. Seus protagonistas vão desde os que acreditam que é preciso destruir tudo para começar de novo até os que usam da chantagem contra a população para obter vantagens para seu grupo e para si.

Algumas causas podem ser justas, e as táticas abusivas podem dar certo em alguns casos, mas o efeito somado deste clima de vale-tudo é muito negativo, tanto para a vida quotidiana das pessoas quanto por agravar o descrédito das instituições e afetar a economia. As dúvidas e objeções que foram levantadas em relação ao abaixo-assinado ajudam a entender, pelo menos em parte, porque estes comportamentos são tolerados. Para alguns, o problema é que o texto se colocava ao lado da lei e da ordem, sem reconhecer a justeza das causas de muitas manifestações. Para outros, a objeção foi de que o texto não era equilibrado, porque criticava os abusos das manifestações, mas não os abusos da polícia. Comum aos dois tipos de objeção é uma crença implícita na superioridade moral e ética dos manifestantes em relação às instituições públicas, e o receio de aparecer como defendendo os princípios da lei e da ordem, como se fosse uma posição reacionária e não, simplesmente, um componente central das sociedades democráticas. Há, ainda, os que adotam argumento utilitário: esse tipo de manifestação seria legítimo porque as manifestações "comportadas" não chamam atenção suficiente. Por fim, há os que justificam barbárie com barbárie: erros e desrespeito por parte de governantes e agentes da lei justificariam comportamento dessa natureza por parte de manifestantes. Esta atitude, bastante generalizada nos meios intelectuais, se torna ainda mais séria entre os políticos, que temem ser vistos como contrários às reivindicações do povo. O que eles não percebem é que o povo é a grande vítima desta situação, e pode se voltar contra eles

Nos tempos recentes, há um claro conflito entre o legítimo direito de expressão de opiniões, reivindicações, de manifestar apoio ou repúdio ao que quer que seja e o não menos importante direito de ir e vir.

Raro o dia em que não se veem nos meios de comunicação notícias sobre as vidas de milhões de pessoas transtornadas por conta de manifestações públicas que adotam como tática o bloqueio de grandes vias de transporte.

Reunindo vários milhares ou apenas um punhado de pessoas, grupos organizados em defesa de reivindicações as mais diversas arvoram-se no direito de interromper ruas, avenidas e estradas, de destruir meios de transporte e equipamentos públicos a eles relacionados. Violam, assim, o direito de um número sempre muito maior, milhões nos grandes centros urbanos, de se deslocarem a seus lares, a seus trabalhos, ao encontro de suas famílias, amigos, ou compromissos, quaisquer que sejam.

Mentes autoritárias, com profundo desprezo pelo direito alheio, terão sempre justificativas para essas ações na suposta justiça das causas que defendem ou na relevância das denúncias que propagam. As causas podem até ser justas, mas a alteração no tempo e na ordem da vida das pessoas não pode se tornar algo banal, corriqueiro. Um efeito dessa avalanche de manifestações que não titubeiam em afetar profundamente a vida das pessoas nas cidades é o descrédito e o desgaste de qualquer manifestação. Isso não é democracia, mas prepara sua destruição.

É hora de um BASTA! Exigimos do poder público que preserve o direito de ir e vir a todos aos cidadãos, não apenas aos grupos manifestantes. É deprimente e alarmante ter as forças da ordem pública assistindo passivamente ou mesmo contribuindo com o transtorno pelo bloqueio de grandes vias, preferencialmente nos horários de rush. É revoltante vermos multidões tentando chegar em suas casas ou a seus compromissos, imobilizados por horas, manietados, vítimas da passividade do poder público, acuados pela impunidade e eventual violência de manifestantes.

Exigimos que nossos direitos constitucionais sejam garantidos, não aceitamos vê-los usurpados por pequenos ou grandes grupos que têm direito de se manifestar, mas não de impor seus pontos de vista. O direito de manifestação, assim como o de greve, precisa ser preservado e mantido dentro de seus limites legais. Conclamamos à reação contra a escalada antidemocrática das manifestações que não respeitam os direitos elementares dos cidadãos.

A convite do Programa de Pós Graduação em Ciências Sociais da Universidade Católica do Rio de Janeiro, participei de uma interessante mesa redonda sobre "Visões da Democracia no Brasil", em companhia de Luiz Werneck Vianna e Carlos Pereira, coordenada por Maria Celina d'Araújo.

Ainda que não estivesse no programa, o tema, claro, era a grave crise política do momento, com o governo paralisado diante da crise econômica e a probabilidade de impeachment da presidente se tornando mais provável a cada dia. Aonde falhamos? Poderia ter sido diferente? A crise atual é uma prova de que nossa democracia não funciona, porque gera governos incapazes, ou, ao contrário, é uma prova de que funciona muito bem, porque não há perspectiva de rompimento das regras do jogo democrático?

Para Werneck, se interpreto bem, o que explicaria a atual situação é o abandono, pelo PT, do grande projeto de modernização do país que estava presente no movimento contra a ditadura nos anos 70 e 80, que reunia o sindicalismo independente de Lula com o MDB de Ulysses Guimarães e os intelectuais das artes e das universidades, trocado pelo oportunismo que permitia ganhar eleições, mas que ia, ao mesmo tempo, destruindo as bases deste país moderno em gestação. Em grandes pinceladas, ele fez referência a importantes momentos da história política brasileira, da unificação territorial dos tempos da Colônia à Coluna Prestes e à

Semana de Arte Moderna de 1922 e à modernização dos anos de Vargas, lembrando que todos tinham seus problemas e limitações, mas apontavam em uma direção ascendente de modernização que acabou sendo traída.

Carlos Pereira partiu de uma perspectiva totalmente diferente, mas a conclusão não foi muito distinta. Seu foco é nosso sistema presidencialista de coalizão, e seu entendimento, assim como de outros cientistas políticos que cita, é que o sistema teria funcionado muito bem até recentemente, do ponto de vista da capacidade da presidência de fazer passar pelo Congresso a legislação de que necessita para governar, pagando o preço necessário, em termos de cargos e verbas, para garantir seus apoios. Seus dados mostram, no entanto, que o custo de obter este apoio vem aumentando cada vez mais, sobretudo pela preferência do PT em distribuir cargos e recursos para os próprios correligionários, ao invés de utilizá-los para garantir o apoio dos partidos coligados. A crise atual, segundo ele, se explica pela incapacidade do PT, e do governo Dilma em particular, de entender o funcionamento do presidencialismo de coalizão.

Embora partindo de premissas totalmente distintas, Werneck e Carlos Pereira concordam que nosso problema é a incapacidade do PT, e especialmente do governo Dilma, de entender os rumos que o país deveria tomar, e administrar com competência o sistema democrático para o qual foi eleito.

95

Longe de mim discordar das críticas de Werneck e Carlos Pereira ao PT e ao governo Dilma. Mas acredito que é papel das ciências sociais buscar explicações mais estruturais, que dependam menos das escolhas e das virtudes ou limitações individuais dos governantes. Em minha apresentação, que foi a primeira, comecei por criticar duas visões que me parecem equivocadas, a utópica, que argumenta que, como nossa democracia é imperfeita, ela não existe, e a hiper-realista, ou panglossiana, que argumenta que democracia é isto mesmo, e que a nossa é tão boa quanto tantas outras democracias imperfeitas que existem por aí, e que estamos no melhor dos mundos possíveis.

Lembrei que a democracia, mais do que um valor, é um mecanismo que tem se mostrado extremamente funcional para a solução de disputas de interesse e conflitos na sociedade, e citei um importante livro de Bolívar Lamounier[24] que mostra como, desde o Império, os períodos democráticos têm sido muito mais estáveis e profícuos do que as inúmeras interrupções autoritárias salvacionistas pelas quais passamos. Isto não significa, no entanto, que não existam democracias melhores e piores, e o critério para avaliá-las não pode se limitar à capacidade do Executivo de implementar suas decisões.

Para funcionar bem, o regime democrático deve ser legítimo, o que depende de um sistema representativo que garanta que os cidadãos se sintam representados pelos governantes, e deve ser também eficaz, tanto para

---

[24] Lamounier, Bolivar. 2005. *Da independência a Lula : dois séculos de política brasileira*. São Paulo, SP: Augurium.

garantir os direitos civis, políticos e sociais da cidadania quanto para lidar com a complexidade crescente das políticas econômicas, sociais e ambientais requeridas pela sociedade moderna. E as duas coisas estão ligadas, porque governos legítimos têm mais autoridade para implementar suas políticas, e dependem muito menos da troca de favores, do que governos debilitados e sem apoio na sociedade.

Deste ponto de vista mais amplo, o sistema político brasileiro tem falhado, ao levar ao extremo uma lógica de competição de curto prazo baseada na ampla distribuição de vantagens grandes e pequenas para ricos e pobres, de forma legal ou ilegal. É uma lógica eleitoral que funciona bem em épocas de recursos abundantes, mas não tem como se manter em períodos de escassez, ou quando os recursos públicos se esgotam.

Uma outra característica de nossa democracia tem sido a tendência a simplificar de forma extrema as políticas públicas, quase sempre colocadas em termos de ações simplistas e de grande efeito, mas de qualidade ou impacto desconhecido ou mesmo desastroso (incluindo, entre tantos outros, o falecido Trem Bala, o Ciência Sem Fronteiras, os campeões do BNDES, a euforia do Pré-Sal, o Mais Médicos, o Minha Casa Minha Vida, o FIES, o PRONATEC, e tantos outros).

A questão é se estes problemas de incompetência, que estão na raiz da crise atual, são inerentes ao regime democrático ou são decorrentes das limitações dos atuais detentores de poder. Em minha apresentação

97

lembrei de um argumento de vem sendo reiterado pelo economista Samuel Pessôa, segundo o qual o déficit crônico do setor público brasileiro se deve a um pacto implícito ratificado na Constituição de 1988, de distribuir ao máximo (e além do máximo) os recursos públicos existentes entre os diversos grupos de interesse (com especial destaque para os benefícios previdenciários), deixando pouco ou nenhum espaço para investimentos de longo prazo e para o reequilíbrio da economia.

Não há dúvida que este pacto, se existiu, poderia ser revertido por um governo que entendesse o alcance dos problemas e tivesse apoio e legitimidade suficiente para levar à frente as reformas necessárias, tal como foi quando da implantação do Plano Real. O problema não me parece ter sido a miopia ou outros pecados do PT, mas a base política com a qual ele chegou e tem se mantido no poder, que é uma combinação de apelo populista, aliança com oligarquias políticas tradicionais e o apoio de grandes interesses econômicos que se beneficiam da proximidade com o poder. Esta combinação funcionou muito bem até recentemente, mas agora está chegando a seus limites por dois fatores: a crise econômica, que não permite mais a farta distribuição de recursos, e o fortalecimento de novos atores importantes da sociedade e no sistema político brasileiro, começando pelo novo Ministério Público e o judiciário, dramatizado pelo Lava Jato, e amplos setores da população e do empresariado que não dependem nem querem depender das bondades do Estado, mas reclamam, sobretudo, a instauração e o fortalecimento do império da lei e de uma nova política voltada para a representação da cidadania, e não sua manipulação.

Não sabemos qual será o desenlace desta crise, mas duas coisas parecem certas: não haverá rompimento da ordem democrática, e os atuais mecanismos de sustentação do poder, da velha política, dificilmente sobreviverão.

Nesta passagem de ano, como é a tradição, recebi muitas mensagens de boas festas e votos de feliz ano novo, que expressam a esperança comum de que esta seja também uma oportunidade de renovação de esperanças e novas oportunidades. É isto que também espero e desejo para cada um de nós e para o país como um todo. Muito obrigado a todos.

Ao mesmo tempo, não há como ignorar a sensação estranha de que 2015 não acabou e nem vai acabar tão cedo, com a profunda crise em que vivemos e da qual é difícil ver a saída. Tenho evitado escrever diretamente sobre a crise política e econômica, em parte porque não tenho muito a acrescentar ao que está sendo dito todos os dias por colegas e jornalistas que acompanham a política e a economia muito mais de perto e com muito mais competência; e em parte pela convicção ou sentimento de que, por mais importantes que sejam as instituições e os processos políticos, eles dependem, em última análise, de processos mais profundos que têm a ver com a capacidade, por parte da população e de suas lideranças, de desenvolver e incorporar os valores, conhecimentos e competências que são próprios das sociedades modernas, o que os economistas chamam de "capital humano", e que muitos sociólogos e cientistas políticos chamam de "capital social", ou até mesmo "capital cultural". A palavra "capital", aqui, expressa a ideia de que isto é algo que se constrói e se acumula, através de instituições como os sistemas de educação e de ciência e tecnologia, sobre as quais tenho trabalhado nas últimas décadas.

Para a minha geração, que cresceu vendo a recuperação do mundo do pós-guerra, o fim dos impérios coloniais e a transformação do Brasil de um país rural e predominantemente analfabeto em uma sociedade moderna e complexa, com milhões de pessoas saindo do campo para as cidades, o surgimento de uma indústria moderna e a expansão dos sistemas de pesquisa e educação, era inevitável pensar em termos de progresso, de desenvolvimento, que viria seja forma gradual ou mais conflitiva, quebrando as estruturas tradicionais de dominação e abrindo espaço para o futuro. No mundo da guerra fria, divergíamos profundamente sobre os caminhos a seguir, e os sucessos e barbaridades dos dois campos davam fortes argumentos a cada um dos lados, mas coincidíamos sobre o que esperávamos do futuro.

No mundo atual, aonde o "socialismo real" já não existe e as democracias ocidentais tem cada vez mais dificuldades em manter de pé suas instituições políticas, econômicas e culturais, e o estado de bem-estar social encontra seus limites, a própria ideia de progresso entra em crise, sendo substituída pelo recrudescimento das políticas de identidade e do pragmatismo dos interesses de curto prazo, sem uma narrativa comum que proporcione uma identidade comum e um sentido de futuro, seja internacionalmente, seja para o país, e seja mesmo para cada pessoa. Não é que as questões de identidade e que o pragmatismo imediatista sejam novidades, e é possível argumentar que é muito melhor um mundo assim do que dominado pelas grandes narrativas utópicas que justificaram tantas guerras, totalitarismos e genocídio. É esta nostalgia das grandes narrativas, que talvez expressem necessidades psicológicas humanas mais profundas, que

101

possivelmente explica a fascinação de tantos com os novos totalitarismos do século 21, como os fundamentalismos religiosos - islâmico, cristão e judaico - o novo confucionismo oriental e até mesmo os novos populismos latino-americanos.

Vista nesta perspectiva, a crise que afeta o Brasil neste ano que não termina vai muito além de um confronto entre políticas econômicas e sociais, problemas de corrupção ou firulas jurídicas sobre se o governo cometeu ou não crimes de responsabilidade ou se o STF e a Câmara de Deputados estão ou não agindo dentro de seus limites constitucionais. Tudo isto tem sua importância, mas o que está em jogo é se o país vai conseguir, em algum momento, incorporar os valores e a cultura de uma sociedade pluralista, democrática e moderna, ou vai continuar atolado no pântano das ideologias degradadas e sua outra face, que é o predomínio dos interesses imediatos e predatórios, na economia e na sociedade.

Por mais que o mal-estar brasileiro seja parte de um mal-estar geral, as comparações internacionais, dramatizadas pela capa recente da revista *The Economist* sobre o desastre brasileiro, único no mundo, mostram que não precisa ser assim. É possível, embora não seja certo, que 2016 marque o início de novos tempos, e estes sãos os meus votos de feliz ano novo.

A discussão do impeachment coloca a questão de se o Congresso e o Judiciário têm ou não legitimidade para limitar e, no limite, destituir uma presidente eleita pelo voto direto. No regime imperial absolutista, como nos regimes militares, este poder não existe. No regime democrático, ele existe e deve ser exercido quando necessário.

Um dos argumentos que tem sido apresentados contra o impeachment é que o crime não está claramente tipificado, e que aprovar o impeachment nestas condições significaria um abuso do poder do Congresso. Cada um é livre de aceitar ou não os argumentos dos advogados que propuseram o impeachment ou a defesa do governo. Mas a questão central é que a decisão não é legal, do Judiciário, mas política, do Congresso. A rigor, nem deveria ser necessário tipificar um crime: levar a economia do país ao desastre, mesmo que feito de acordo com a lei e na melhor as intenções, já deveria ser razão suficiente.

A mesma questão se coloca na discussão sobre se a presidente pode ou não ser questionada pela nomeação de um ministro ou por outro ato por "desvio de função", que não seja a do interesse geral. Aqui o problema é mais complicado, porque, como não existe uma definição objetiva do que seja o interesse geral, aplicável a cada caso, a Presidência ficaria sujeita a questionamentos permanentes, e não poderia funcionar. Por isto mesmo, a apreciação destas situações se dá pelo Judiciário, que pode estabelecer uma jurisprudência definindo com clareza o que é ou não questionável, e não pelo Congresso. Mas o Congresso deveria também ter o poder de confirmar ou dar um voto de desconfiança contra ministros específicos, que deveriam sair.

O argumento a favor da presidência imperial é que, como a presidente é eleita pelo voto direto, ela não deveria ser passível de questionamento pelos demais poderes; e isto é reforçado pelos graves problemas e desprestígio que afetam o congresso brasileiro, a começar pelos presidentes das duas casas (como se o executivo estivesse melhor). Mas este é o argumento usado pelas ditaduras para fechar ou castrar os poderes do Legislativo, que foi o que os militares fizeram no Brasil no passado.

Bem ou mal, este é o Congresso que temos. Quando passar a tempestade, vamos ter que rever em profundidade nossas instituições políticas, colocando limites mais claros ao poder de arbítrio do Executivo, e melhorando a representatividade e responsabilidade pública dos membros do Legislativo.

A profunda crise econômica, política e econômica que vive o Brasil não é somente o resultado da corrupção, irresponsabilidade e equívocos das políticas implementadas pelo PT, seus aliados e muitos outros governantes nos últimos anos, mas também de efeitos imprevistos da organização institucional do país estabelecida pela "Constituição Cidadã" de 1988, hoje cheia remendos e curativos, que a tornam cada vez mais complicada e impossível de cumprir. Faz muito sentido, assim, o "Manifesto à Nação" publicado pelos juristas Modesto Carvalhosa, Flávio Bierrenbach e José Carlos Dias no jornal *O Estado de São Paulo* de 9 de abril de 2017, proclamando a necessidade de uma nova Constituição, a ser escrita por uma nova Assembleia Constituinte originária e independente dos partidos políticos que aí estão.

Concordo com a ideia, embora não pense que a nova Constituição deva consagrar exatamente os princípios que os autores estão propondo, e sabendo que não existe nenhuma garantia que uma Assembleia Constituinte eleita por um plebiscito seja formada por pessoas imunes aos equívocos e interesses corporativos que levaram os legisladores dos anos 80 a desprezar o projeto de Constituição elaborado pela Comissão Afonso Arinos e escrever e elaborar uma constituição muito pior.

Mas, afinal, o que estava errado na Constituição de 1988? Os autores do manifesto dizem que "a Carta de 88 foi recheada de casuísmos e de corporativismos.

105

Estabeleceu um absurdo regime político que se nutre de um sistema pseudopartidário, excessivamente fragmentado e capturado por interesses de corporações e de facções político-criminosas. Isso torna excessivamente custosa a governabilidade, criando uma relação tóxica entre os Poderes, o que favorece a corrupção, o tráfico de influência e os rombos devastadores nas contas públicas". Além deste diagnóstico, que explica boa parte da crise política e institucional, existe um outro, feito por economistas como Mansueto Almeida, Marcos Lisboa e Samuel Pessôa, que mostra como a Constituição de 1988 criou uma série de direitos e atribuições de responsabilidades às diversas esferas de governo que criam obrigações de gastos financeiros que vão além da capacidade de geração de riquezas do país, cujo exemplo mais importante, mas não único, é o sistema previdenciário, e que explicam boa parte da crise econômica. Sem falar da grande confusão do sistema federativo, com dezenas de estados e municípios insolventes e cheios de atribuições que não conseguem cumprir.

A discussão sobre a Constituição que precisamos deve começar pela ideia central de que seu papel é estabelecer os princípios gerais que devem presidir o funcionamento na sociedade, e não, simplesmente, criar uma lista detalhada de leis que só diferem das ordinária por serem mais difíceis de ser modificadas. Estes princípios gerais se referem, primeiro, aos direitos dos cidadãos, e, segundo, ao formato institucional do país.

Os direitos, conforme um texto clássico do sociólogo T. H. Marshall sobre a Inglaterra, podem ser divididos em três categorias, os direitos civis, os direitos políticos e os direitos sociais. Os direitos civis são, essencialmente, os direitos das pessoas: liberdade de ir e vir, liberdade de expressão, de não ser preso sem um processo legal, o direito à propriedade, o direito à vida e ao uso do próprio corpo, e igualdade de todos perante a lei, e que permitiram o desenvolvimento das economias de mercado. Não são direitos absolutos – o direito à expressão não inclui o direito à calúnia, o direito à propriedade não exclui a existência de impostos ou desapropriações por interesse público, e o direito ao corpo, que é um conceito mais moderno, pode ou não incluir o direito ao aborto, ao uso de drogas e à eutanásia. A Constituição americana inclui o famoso *Second Amendment* que garante o direito de usar armas, cujos limites tem sido objeto de permanentes disputas.

Os direitos políticos são os direitos dos cidadãos, como participantes em uma sociedade democrática: o primeiro deles é o de votar e ser eleito, e inclui também os direitos de associação e formação de partidos políticos. Um princípio comum a todas as sociedades democráticas é o de que "todo poder emana do povo e em seu nome será exercido", mas isto não basta: é preciso também dizer como este poder deve ser exercido e como o sistema político e econômico devem ser organizados para que os princípios fundamentais de igualdade política e representatividade não sejam ameaçados. Isto abre todo um capítulo sobre a organização do sistema representativo e governamental, que requer discussão à parte.

O terceiro conjunto de direitos são os sociais: aqui falamos do direito à educação, ao trabalho, à saúde, à aposentadoria, à igualdade de oportunidades. O reconhecimento dos direitos sociais é muito mais recente do que o dos direitos civis e políticos, e tem sua principal origem no *welfare state,* o estado de bem-estar social desenvolvido na Europa ao longo do século 20, e consagrado na Declaração Universal dos Direitos Humanos aprovada pelas Nações Unidas em 1948, que incluía também o reconhecimento dos direitos à ciência e à cultura. Uma diferença radical entre os direitos sociais, por um lado, e os direitos civis e políticos, por outro, é que os primeiros custam muito dinheiro, que precisa vir de alguma parte. A proteção aos direitos civis e políticos é atribuída, geralmente, ao Estado, através da sua ação de polícia e pela adjudicação da justiça pelos tribunais. Por analogia, a responsabilidade pelos direitos sociais também termina sendo atribuída ao Estado, que precisa assim criar amplos sistemas de educação, saúde, aposentadorias, garantir empregos e reduzir as desigualdades sociais e econômicas, embora muitos destes benefícios possam ser obtidos junto ao setor privado. Os direitos civis e políticos podem ser protegidos por um estado relativamente pequeno, mas os direitos sociais, sobretudo quando estabelecidos como obrigação por parte do setor público, dependem de um Estado muito maior, mais rico e mais complexo, que nem sempre tem os recursos e a competência para fazer o que a Constituição requer. No Brasil, a Constituição de 1988 declara que "a saúde é direito de todos e dever do Estado", o que faz com que juízes obriguem o SUS a destinar grande parte de seus poucos recursos ao pagamento de tratamentos caríssimos e não previstos para quem tenha um bom advogado para defender este direito.

Além dos direitos, a Constituição precisa dizer quais são as principais instituições políticas do país, e como devem funcionar. Os dois pontos fundamentais, aqui, são o sistema representativo e a formação e divisão dos poderes. Dizer que todo o poder emana do povo não significa que o povo pode exercer diretamente o poder. Sempre que se tentou isto, passando por cima das instituições, o que resultou é o autoritarismo e o fascismo, que se caracterizam justamente pelo apelo direto às "massas" mobilizadas em praça pública. A função dos sistemas representativos, com partidos políticos e sistemas eleitorais, é escolher um número limitado de pessoas que possam governar com autoridade e de forma legítima em nome da maioria, garantindo, ao mesmo tempo, a proteção legal aos direitos das minorias. Os sistemas representativos estão em crise em quase toda parte, mas alguns, como o brasileiro, em que os eleitores votam em uns e acabam elegendo outros, e em que proliferam partidos de aluguel, são particularmente ruins. Quanto à divisão de poderes, não há princípio melhor do que o da separação entre quem legisla, quem executa e quem julga, com os necessários *checks and balances*, mas existem diversos formatos possíveis, e a experiência mostra que o presidencialismo exacerbado, que tentamos copiar dos Estados Unidos, não parece ser a melhor opção.

Sobre as propostas específicas dos autores do Manifesto à Nação, algumas fazem muito sentido, como a eliminação dos privilégios por cargo ou função e o fim das coligações partidárias, e outras precisam de uma discussão muito mais aprofundada, como a do voto distrital puro, cuja vantagem seria deixar claro para os eleitores quem são seus representantes, mas que traria grandes problemas, como a definição de como seriam desenhados os distritos (basta ver a grande confusão norte-americana com o *gerrymandering*) e a forte sub-representação das minorias que os sistemas proporcionais mistos procuram evitar. Em termos mais gerais, a principal crítica que se pode fazer é que os autores propõem substituir o regime democrático baseado na autoridade legítima do mandato dos governantes por um poder político totalmente acuado, debilitado e submetido a permanentes processos plebiscitários, na suposição errônea de que "o povo" sempre sabe mais. É uma postura compreensível, dado o estado de degeneração a que chegaram nossas instituições de governo, mas os riscos do populismo não podem ser desprezados. Além disto, eles não mencionam os direitos sociais, nem as questões relativas ao pacto federativo. Mas não se poderia esperar que um pequeno texto inicial tratasse de tudo.

Constituições não se trocam toda hora. Isto acontece quando existem grandes rupturas políticas e institucionais, depois de uma guerra ou uma revolução, e as novas constituições acabam sempre refletindo, de alguma maneira, os valores e as correntes de ideias que predominam em seu momento. Não passamos por nenhuma guerra ou revolução, mas por um terremoto suficientemente profundo para justificar que a proposta seja discutida com a profundidade que merece.

Sociedade e pobreza

A armadilha da mediocridade (2014) [25]

Os economistas falam da "armadilha da renda média", de países que, como o Brasil, conseguiram chegar aos US$ 10 mil ou US$ 12 mil por habitante por ano, mas não conseguem chegar perto dos US$ 30 mil a US$ 50 mil, como os países desenvolvidos. Um outro nome seria a armadilha da mediocridade.

O Brasil chegou aonde está graças às exportações de minérios e produtos agrícolas e ao crescimento da indústria e dos serviços que acompanharam a expansão das cidades. Fez parte desta história a ampliação da Previdência Social, dos serviços de saúde e da escolaridade. Para os governos, bastava cobrar impostos e distribuir para quem solicitasse conforme a força de cada um, dos políticos amigos às indústrias protegidas, passando pelos funcionários públicos e sindicatos, e chegando aos pobres com o Bolsa Família.

Esse tipo de crescimento já não tem como continuar. Acabou a migração do campo para as cidades, mas a violência urbana parece fora de controle e o transporte público é péssimo. A desigualdade vinha caindo, mas já não cai mais. A miséria se reduziu, mas a pobreza continua. Já quase não se morre de diarreia, mas o SUS mal consegue atender os enfermos de câncer e do coração. Já não há crianças fora da escola, mas elas mal aprendem. O acesso ao ensino superior cresceu com mais dinheiro para as universidades públicas, cotas,

---

[25] Publicado na *Folha de São Paulo*, 6 de outubro de 2014

bolsas e crédito educativo, mas a qualidade da maioria dos cursos é ruim e as vantagens de ter um diploma são cada vez menores.

Os economistas sabem muito do que precisa ser feito para sair dessa armadilha: equilibrar as contas públicas, fortalecer a capacidade regulatória do Estado, abrir as empresas à competição internacional, criar regras claras para o uso de incentivos públicos e garantir ao setor privado a segurança jurídica necessária para seus investimentos. Mas isso não basta, porque o "custo Brasil" não vem somente do protecionismo, dos entraves burocráticos e da má qualidade da infraestrutura física, mas, sobretudo, da ausência de uma população bem-educada e capacitada, da condição de vida precária das cidades e da incerteza gerada por um sistema político desmoralizado.

Não será mais possível continuar crescendo e se desenvolvendo como se fez até aqui. Para sair da armadilha da mediocridade, é preciso redirecionar a política econômica e social, mas também olhar em volta, para os países que conseguiram superar essa barreira, e ver o que têm a nos ensinar sobre educação, saúde, proteção à velhice, gestão dos espaços urbanos, política ambiental, política energética, modernização do Estado e reforma do sistema político.

Nestas eleições, a grande pergunta é quais candidatos continuam olhando para trás, fazendo e prometendo mais do mesmo, satisfeitos com o que temos, e quais têm as condições de abrir espaço para um país capaz de

113

avançar nestes novos caminhos. Para todos será uma longa aprendizagem, sujeita a erros e acertos. Mas não há dúvida de que está na hora de renovar.

A POF e as Garotas de Ipanema (2005)

Mais uma vez a Europa se curva diante do Brasil. Em sensacional furo de reportagem, o jornal *O Globo* descobriu que as barrigas fotografadas pelo *New York Times* em Ipanema não eram de nossas garotas, mas de alegres turistas checas. Está salva a pátria! Ainda segundo *O Globo*, o *NYT* publicará uma retratação.

Neste jogo de empurra das barrigas, a gente até se esquece que a grande barriga foi a confusão criada pelo governo quando da publicação dos dados da Pesquisa de Orçamento Familiar do IBGE que mostrou, como aliás já sabíamos, que o Brasil não tem um problema generalizado de fome que justifique uma política social centrada nesta questão. O que temos é uma situação de muita pobreza, associada a problemas de emprego, baixa produtividade, educação de má qualidade, caos urbano e incapacidade do setor público em quase todos os níveis de desenvolver programas sociais efetivos. São estes os problemas que precisamos enfrentar.

Desigualdade, pobreza, e programas de transferência de renda (2006)

Coloquei na Internet um texto sobre Redução da desigualdade, da pobreza, e os programas de transferência de renda no Brasil, aonde, com o auxilio de inúmeras tabelas e gráficos das PNADS, procuro entender melhor o que vem ocorrendo recentemente em relação à renda no país[26]. Transcrevo abaixo as conclusões gerais:

As análises sobre a evolução da pobreza e da desigualdade social mostram que, ao contrário do que muitas vezes se afirma, tanto a pobreza quanto a desigualdade no Brasil vêm se reduzindo ao longo do tempo, com algumas mudanças significativas nos anos mais recentes. As principais causas da redução da pobreza e da desigualdade são a melhoria progressiva do acesso à educação e da disponibilidade e custos reduzidos de alimentos e bens de consumo duráveis. O baixo crescimento da economia nos anos mais recentes tem constituído uma limitação importante neste processo, impedindo que a renda da população aumente. No entanto, o aumento sistemático dos indicadores de consumo, expectativa de vida, educação e condições habitacionais, mesmo quando a economia não cresce, mostra uma redução progressiva das condições de pobreza extrema, ainda que novos problemas tenham também surgido, sobretudo os

---

[26]

https://archive.org/details/ReduoDaDesigualdadeDaPobreza
EOsProgramasDeTransfernciaDe

associados às condições de vida nos grandes aglomerados urbanos. Os dados mostram também o grande peso da distribuição regressiva dos benefícios das aposentadorias e pensões, concentrados nos segmentos de renda media e alta.

As políticas de transferência de renda têm tido algum impacto nestas modificações, mas limitado, tanto pelo pequeno volume dos recursos transferidos para cada família, quanto pela má focalização dos gastos, já que estes recursos são distribuídos tanto a famílias realmente pobres quanto a outras menos pobres, e, além disto, a outras cujo padrão de vida não se expressa com nitidez na renda monetária medida pela PNAD. Uma política que fosse capaz de redistribuir melhor os gastos públicos em aposentadorias e pensões poderia contribuir muito mais para a redução da desigualdade de renda no pais país do que as políticas compensatórias implementadas atualmente.

Um dos argumentos a favor da prioridade que tem sido dada recentemente às políticas de transferência de renda é que elas seriam associadas a condicionalidades, ou seja, à frequência das crianças à escola, ao atendimento das famílias aos centros de saúde púbica, e assim por diante. Isto seria importante, porque, a médio prazo, as transferências de dinheiro deveriam fazer com que as pessoas deixassem de depender destes recursos. Não há evidência, no entanto, que estas condicionalidades estejam de fato sendo implementadas, e nem há razões para crer que políticas que busquem alterar o comportamento quotidiano das pessoas possam ser dirigidas e comandadas a partir do governo federal, em uma relação direta com as famílias.

De uma maneira geral, chama a atenção que as análises macroeconômicas que buscam estimar o impacto destes programas deixam de tomar em conta as questões relacionadas ao sistema federativo e os problemas associados aos diferentes níveis de implementação dos programas sociais. O governo federal tem condições de redistribuir recursos e estabelecer sistemas genéricos de incentivo, mas muito pouca capacidade de gerenciar ações de nível local. De fato, as evidências disponíveis sobre o programa bolsa-escola mostram que se trata de um programa muito pouco efetivo do ponto de vista educacional, não só pela má focalização, como também pela impossibilidade de controlar efetivamente sua condicionalidade mínima, que é o controle de frequência à escola. Os recursos a ele destinados teriam tido maior impacto se fossem utilizados para fortalecer as escolas e seus vínculos locais e diretos com as comunidades das quais participam.

Programas específicos que apoiam ações descentralizadas de governos estaduais, municipais e da comunidade, como o Programa de Erradicação do Trabalho Infantil, parecem ser muito mais bem-sucedidos do que programas genéricos como o da bolsa família. É um tema que precisa ser aprofundado.

Bolsa escola e bolsa família

Bolsa família e educação (2004)

Nesta semana começa uma reunião, em Praga, sobre pesquisa educacional e seu uso para a implementação de políticas públicas. A maioria dos trabalhos apresentados, inclusive vários do Brasil, já estão disponíveis na Internet

O trabalho que estou apresentando versa sobre Bolsa Família, a partir de uma analise dos dados da PNAD de 2003 disponível aqui. A PNAD pergunta se as famílias das crianças recebem bolsa escola, ou estão inscritas para receber. A pesquisa foi feita antes de que a Bolsa Escola fosse incorporada ao programa de Bolsa Família.

O principal resultado da análise é que o programa tem muito pouco impacto na educação, porque a grande maioria das crianças cujas famílias recebem as bolsas vão para a escola com ou sem bolsa, se houver escola acessível. Os problemas de ausência à escola têm muito menos a ver com a renda familiar do que com a idade dos jovens (os adolescentes começam a abandonar a escola aos 14 anos de idade, principalmente os meninos), e também com o nível socioeconômico dos pais - o abandono é muito maior nas famílias mais pobres. Mas o problema com o nível socioeconômico não é tanto que as crianças precisam trabalhar para ajudar a família, e sim que os filhos de famílias com baixa educação têm dificuldade de estudar, e as escolas, em geral, não estão preparadas para lidar com crianças "difíceis". Tradicionalmente, as escolas brasileiras "resolviam" este

119

problema reprovando os alunos que não aprendiam, colocando-os em classes especiais, ou fazendo com que eles abandonassem a escola. Em alguns casos, as bolsas podem até ajudar forçar a presença destas crianças nas escolas, mas, sem uma política específica para capacitar as escolas a atender esta população em dificuldade, dificilmente haverá resultados do ponto de vista de sua educação.

Ou seja, entre comparecer à escola e aprender vai uma grande distância. A bolsa escola pode, na margem, aumentar um pouco o comparecimento (que já é muito alto de qualquer forma), mas não contribui em nada para melhorar a qualidade do ensino e da aprendizagem.

O segundo uso da bolsa escola é como política de renda. Os dados mostram que cerca de 5% dos recipientes não deveriam estar recebendo o apoio, o que não chega a ser um desastre, dada a precariedade dos cadastros e a dificuldade de acompanhar a distribuição de recursos, e dado ainda o fato de que em muitos casos as bolsas eram dadas e administradas de forma descentralizada e autônoma por governos estaduais e municipais. De qualquer forma, estudos sobre o impacto destas políticas sobre distribuição da renda mostram que ele é muito pequeno, quase inexistente.

Este programa tem sido defendido como uma espécie de política social de "nova geração", que vai diretamente às pessoas, sem passar pelas burocracias estaduais e municipais; combina benefícios com condicionalidades (ou seja, é preciso fazer algo para receber o dinheiro); e são avaliadas permanentemente. Eu tenho minhas dúvidas. Por mais complicado que seja lidar com as redes escolares e fazer com que os professores aprendam a lidar com crianças de famílias carentes, não é possível desenvolver uma política educacional sem elas, e com o governo federal chamando a si responsabilidades que deveriam ser locais, como a do controle de frequência dos alunos. Se as escolas não melhoram, e não trabalham com as comunidades para que as crianças e adolescentes não desistam da educação, não há de ser o governo federal que vai resolver isto. Os recursos federais podem ser muito importantes para ajudar as escolas a melhorar, mas somente se foram canalizados através delas, e não por fora.

Quanto às avaliações positivas que estes programas teriam, ainda estou por ver uma que me convença.

O impacto da ampliação da bolsa família na educação dos jovens (2007)

A publicação dos dados da PNAD 2006 permite uma análise mais fina do possível impacto da anunciada ampliação da bolsa família para jovens de 16 e 17 anos.

Até agora, o auxílio era dado para todas as famílias que tenham até 60 reais de renda familiar per capita, e para famílias com filhos até 15 anos que tenham renda familiar per capita de até 120 reais. O auxílio para cada família é de 60 reais mensais, mais 15 reais por até três filhos. Com a constatação que o programa estava mal focalizado do ponto de vista da educação, porque a grande maioria das crianças até 15 anos está na escola de qualquer maneira, o governo anunciou que vai ampliar o auxílio também para famílias com jovens de 16 e 17 anos. Há ainda a promessa de aumentar estes valores, mas eles foram utilizados

O Brasil tem hoje cerca de 7 milhões de jovens de 16 e 17 anos de idade, dos quais 5.5 milhões estudam, e 1.5 milhões não. Dos que estudam, 1.7 milhões trabalham, e outros 570 mil dizem que estão buscando trabalho. Dos 1.5 milhões que não estudam, 620 mil também não trabalham. Dos 5.5 milhões que estudam, 1.6 milhões estão ainda no ensino básico, o que significa que têm grandes chances de não completar sua educação. O problema, portanto, é fazer com que os 1.5 milhões fora da escola completem sua educação, e que os 1.6 milhões que estão atrasados não fiquem pelo caminho. Pouco mais de 3 milhões precisando de alguma política educativa.

Quantos destes poderiam se beneficiar da ampliação da bolsa família? Para estimar isto, é necessário eliminar as famílias que têm mais de 120 reais mensais de renda familiar per capita; e também as famílias com menos de 60 reais mensais, porque já se qualificam para a bolsa de qualquer maneira. Além disto, se a família tiver um outro filho em casa de até 15 anos, ela já se qualifica, e a inclusão do jovem de 16 e 17 anos vai acrescentar somente 15 reais mensais à família, isto se ela já não ver três filhos estudando.

Fazendo todas estas eliminações, chegamos a um total de 318 mil jovens e suas famílias. Destes, 179 mil estudam, e, entre os que estudam, 45 mil trabalham, o que mostra que o trabalho não é necessariamente um impedimento para o estudo. Dos 138 mil que não estudam, 38 mil trabalham, e 28 mil buscam trabalho; 80 mil não fazem nada. Dos que estudam, 90 mil estão ainda no ensino fundamental, e mais 30 mil na primeira série do ensino médio.

Na melhor das hipóteses, pois, a ampliação do programa para jovens de 16 e 17 anos poderia trazer de volta à escola 130 mil jovens, e apoiar outros 80 ou 90 mil em risco de abandonar por excesso de atraso escolar – menos de 10% do grupo alvo.

Isto supondo, naturalmente, que a bolsa seria suficiente para que eles de fato voltassem à escola. A renda média dos que estudam, trabalham e têm remuneração é de 104 reais mensais; a dos que trabalham e não estudam, 150 reais, ou metade, aproximadamente, da renda familiar (são famílias pequenas, que não têm outros filhos menores), e dificilmente eles trocariam seu trabalho por uma bolsa de metade do valor. E isto supondo que o atraso ou o abandono da escola se deva à necessidade de trabalhar, coisa que o grande número de estudantes que estudam e trabalham, assim como o de jovens que nem estudam nem trabalham, mostra que está longe de ser verdade.

Não custa repetir: a principal causa do abandono escolar é a má qualidade da escola, e sua incapacidade de dar aos jovens, principalmente os mais pobres, conhecimentos e competências que lhes interessem e que eles possam assimilar. Nada contra dar uma pequena bolsa a 318 mil famílias necessitadas. Mas isto não tem nada a ver com educação.

Depois de muita expectativa, saíram os primeiros resultados da pesquisa de avaliação do Bolsa Família feita pelo CEDEPLAR a pedido do Ministério do Desenvolvimento Social, que estão disponíveis no site do Ministério. A pesquisa compara uma amostra de famílias que recebem a bolsa com um grupo de renda semelhante que não recebe.

O principal resultado encontrado é que as famílias, tendo um pouquinho mais de dinheiro, gastam mais em alimentos, como seria de se esperar. Em relação à educação, é como já sabíamos - quase não há relação entre a bolsa e resultados na educação. Há uma pequena melhoria da frequência escolar em algumas regiões, mas não se sabe se isto é um efeito da bolsa ou, como tenho sugerido, do fato de que as bolsas podem estar sendo dadas, preferencialmente, a crianças que já estão na escola. Em alguns casos, os estudantes do bolsa família têm níveis de reprovação maior do que os que não se beneficiam dela.

Nada que justifique o tamanho e as pretensões do programa, do ponto de vista da educação. A nova proposta parece ser de dar um dinheirinho a mais para os estudantes que passem de ano. Já é tempo de entender que política de renda e política educacional são coisas diferentes, e separar claramente as duas coisas, dando à área de educação os recursos e a prioridade que ela necessita.

Não me lembro de uma comoção nacional tão grande quanto a havida com a morte inesperada de Ruth Cardoso. Para os que a conhecíamos mais de perto, no pequeno mundo das ciências sociais, não poderia ser diferente, pela sua vida profissional e, sobretudo, pela pessoa simples, afetiva e comprometida que sempre foi. Também eram inevitáveis as manifestações oficiais de luto devidas à ex "primeira dama", os elogios formais e a cobertura de imprensa dos funerais e das homenagens, que ela, provavelmente, teria preferido que não houvessem. Mas foi muito mais que isto.

Ruth sempre teve luz própria, sobretudo a partir do Programa Comunidade Solidária, mas é impossível separar os sentimentos e as manifestações de pesar por sua perda dos sentimentos e manifestações de apoio e solidariedade a Fernando Henrique Cardoso. E no entanto, Fernando Henrique, como todo político, provoca controvérsias, enquanto que Ruth parece ter sido sempre, ainda em vida e sobretudo agora, uma unanimidade nacional.

Sempre desconfiei de nossas unanimidades, que geralmente encobrem, sob o manto da suposta glória de poucos, as mazelas e os problemas dos demais. Com Ruth Cardoso foi diferente, e fico tentando entender por quê. Talvez tenha sido pelo fato de que ela personificasse, pelo estilo e pela conduta, um ideal de honestidade, autenticidade e despojamento na vida pública e intelectual que parece estar desaparecendo rapidamente no país. Se isto é verdade, o luto coletivo pela perda de Ruth Cardoso pode ser entendido como um luto por todos nós, pelos valores e pela ética que estamos perdendo, e que ela encarnava.

Vários jornalistas têm me telefonado perguntando sobre a nova linha de extrema pobreza anunciada pelo Ministério do Desenvolvimento Social. É bom que o Brasil tenha uma linha oficial de pobreza? Este valor é muito baixo? Será que os dados de pobreza anteriores estavam equivocados, e que na verdade a pobreza extrema no Brasil é maior do que se dizia?

A primeira observação é que, felizmente, esta não é uma "linha oficial de pobreza", como chegou a ser noticiado, mas simplesmente um critério utilizado pelo Ministério para um programa de erradicação da pobreza extrema que ainda deve ser anunciado. Eu sempre argumentei que o Brasil não deveria ter uma "linha oficial" única de pobreza, porque qualquer que seja a linha ela será sempre dependente de metodologias que podem variar muito, e não tem sentido escolher uma delas e atrelar todas as políticas sociais futuras a uma regra que vai ser muito difícil de alterar depois.

A segunda observação é que os dados de antes não estavam errados - diferentes metodologias e bases de dado dão normalmente resultados distintos. As melhores medidas de pobreza tomam em conta as variações de custo de vida e de renda monetária que existe entre as diversas regiões do país, o que parece não ter ocorrido com esta linha anunciada pelo MDS. A renda monetária declarada nas áreas rurais tende a ser menor do que nas áreas urbanas, em parte pelo fato de que a produção para o autoconsumo é maior no campo. Além disto, existem muitos tipos diferentes de pobreza, e a pobreza típica das periferias das grandes cidades, que é aonde se concentram os problemas sociais mais graves do país, pode estar associada a níveis de renda monetária maiores do que os do campo.

O programa Bolsa Família tem sido muito mais voltado para a população rural do que para a urbana. Isto não está mal na medida em que a pobreza rural precisa de fato ser atendida, mas não está bem deixar de lado a pobreza urbana porque os níveis de renda monetária declarada desta população são maiores.

Em essência, existem duas maneiras de medir a pobreza, a absoluta e a relativa. No Brasil sempre se buscou medir a pobreza absoluta, entendida como a das pessoas cuja renda não permite comprar o mínimo de calorias necessárias para a sobrevivência. O programa Fome Zero do início do governo Lula partia da idéia de que no Brasil ainda haviam milhões de pessoas nestas condições, passando fome, e foi com grande surpresa que se constatou, depois, que o Brasil não tem na realidade problemas de fome generalizados, mas sim outros associados à falta de acesso a serviços básicos, e inclusive à obesidade.

As medidas de pobreza relativa, por outro lado, buscam identificar as pessoas cujas condições de vida são consideradas piores do que a sociedade considera como minimamente satisfatório. Este mínimo varia de sociedade para sociedade, e pode variar também por região e características da população. Ainda que

129

situações de pobreza extrema continuem existindo, a metodologia da renda absoluta é mais apropriada para países de renda muito abaixo da brasileira, como os da África ao Sul do Saara, do que para países de renda média.

Me parece que já é tempo de mudar a abordagem centrada nas medidas absolutas e começar a lidar também com os problemas de pobreza relativa que afetam sobretudo as populações das periferias das grandes cidades, e que não são menos sérios e prioritários do que os do campo.

O Banqueiro do mundo (2005)

Para quem se interessa pelos temas da pobreza, desigualdade social e direitos humanos, o livro de Sebastian Mallaby, *The World's Banker - uma história de estados falidos, crises financeiras e a riqueza e a pobreza das Nações* (New York, Penguin, 2004) é leitura obrigatória. O "Banqueiro do Mundo" é Jim Wolfenshon, presidente do Banco Mundial entre 1995 e 2005, personalidade ambiciosa e contraditória, ao redor da qual Mallaby produz uma esplêndida análise das atividades do Banco Mundial, não somente através de seus projetos, como sobretudo através do confronto permanente entre diferentes visões a respeito do seu papel e de como enfrentar as questões da pobreza e do subdesenvolvimento, do meio às pressões políticas de todos os lados, as grandes crises financeiras e as guerras civis que marcaram a última década, antes que o 11 de setembro sinalizasse, talvez, o início de uma nova era.

Nesses anos, o Banco Mundial deixou de ser uma agência de investimentos em grandes obras de infraestrutura, e tentou se transformar no campeão mundial dos direitos humanos, da proteção do meio ambiente e da organização dos pobres e discriminados em defesa de seus direitos e interesses. Mallaby resume esta passagem dizendo que o Banco, que no início só se preocupava com o capital físico, passa pelo tema do capital humano, e termina como o grande propulsor do capital social. Esta mudança não se explica, simplesmente, pelas ideias do seu presidente, mas pela maneira pela qual ele reage e procura se adaptar a todo o tipo de pressões e conflitos que atingem a instituição,

131

desde os governos conservadores que não acreditam que exista um papel para organizações multilaterais como esta, nem políticas de combate à pobreza que possam resultar, até as organizações não governamentais que vêm no Banco um agente dos interesses da globalização, do capitalismo multinacional e das ambições imperialistas dos Estados Unidos. Não é uma mudança bem-sucedida: o livro mostra como, na ânsia de agradar a todos, o desagrado é geral, o Banco passa por graves crises e conflitos internos, e termina voltando, dentro de certos limites, aos projetos de infraestrutura mais tradicionais.

Wolfensohn assume o Banco quando, em Madrid, manifestantes exigiam nas ruas o fechamento da Instituição, proclamando que "cinquenta anos já bastam". Segundo os críticos, o Banco funcionava como braço auxiliar do Fundo Monetário Internacional nas políticas de ajuste fiscal que forçavam os países pobres a cortar orçamentos, desmantelar os sistemas de bem estar social, privatizar empresas estatais e abrir as fronteiras para o capitalismo internacional; e, além disto, vinha de uma tradição de apoio a governos corruptos e ditatoriais, aliados do ocidente na Guerra Fria. "A imagem do economista do Banco Mundial viajando de primeira classe de Washington para uma capital qualquer do terceiro mundo, trazendo uma mala de dinheiro para ditadores corruptos, ficou gravada na imagem do público: os ajustes estruturais passaram a ser vistos como um pacto pernicioso entre o burocrata e o autocrata" (p. 49).

Wolfensohn tenta mudar esta situação, criando ou recuperando a imagem do Banco como instituição sensível, preocupada com a pobreza e com o meio ambiente, e intolerante com a corrupção. Para mostrar sensibilidade, o banco deveria ouvir e responder a todas as demandas e críticas das organizações não governamentais, e ser ainda mais radical que elas em seu compromisso com os pobres; para cuidar do meio ambiente, o Banco passa a incorporar normas cada vez severas de avaliação de impacto ambiental de seus projetos, e reduz o financiamento a barragens e outras obras que pudessem levar ao deslocamento de populações, a ameaça a espécies e à poluição do meio ambiente; para não se comprometer com a corrupção, o Banco procura apoiar programas que transferem recursos diretamente às pessoas, e não às burocracias, ou condicionar os empréstimos e financiamentos à criação de mecanismos e instituições que possam garantir seu bom uso. O Banco transfere os escritórios de suas coordenações nacionais para os respectivos países, e passa a ser um defensor do perdão da dívida externa dos países mais pobres. A reforma do setor público, com a criação de instituições modernas e eficientes nos países em desenvolvimento, passa a ser objeto de atenção cada vez maior. Ao mesmo tempo, o Banco continua e amplia suas atividades de análise e pesquisa, transformando-se no principal centro de estudos sobre temas relacionados à pobreza e ao desenvolvimento em todo o mundo.

Existiam limites, no entanto, para tudo isto. As políticas de ajuste estrutural não estavam ajudando a maioria dos países a revigorar suas economias, e elas não dependiam do Banco, que, no entanto, era chamado a colaborar com o FMI na montagem dos pacotes de financiamento para atender às crises mais graves. As críticas que o Banco poderia ter a estas políticas, expressas de forma mais radical nos escritos de Joe Stiglitz, se referiam sobretudo à forma em que estas políticas eram impostas e implementadas nos países, e não à sua necessidade do ponto de vista macroeconômico. O problema parecia estar relacionado, sobretudo, à questão da *good governance*, bom governo, que era associada, mas não se reduzia à questão da corrupção política. Nos tempos da Guerra Fria, e antes da crise do ajuste econômico, o Banco apoiava governos como o do Presidente Suharto da Indonésia, entendendo pragmaticamente que o importante era que a economia crescesse e o que país se mantivesse alinhado ao bloco ocidental, mesmo que neste processo algumas pessoas se fizessem multimilionárias e os princípios democráticos sofressem. A crise do ajuste mostrou que, na hora de disciplinar os gastos públicos, privatizar companhias e redirecionar os gastos sociais, ter um governo agindo com competência e responsabilidade e outro que só está interessado em se manter no poder e distribuir favores entre amigos podia fazer toda a diferença. Países bem governados, como a Uganda, a China e o Chile, encontraram formas de usar bem os recursos internacionais e enfrentar as crises, enquanto que outros, como as Filipinas, a Indonésia e a Bolívia não o fizeram.

As relações entre ética, competência e resultados, no entanto, são muito mais complexas do que aparentam: na economia, não há boas intenções que sobrevivam a uma política macroeconômica equivocada; na política, governos totalitários cometem os piores crimes em nome de princípios elevados e da busca da eficiência econômica e da ordem social, enquanto que líderes democráticos necessitam negociar apoios e alianças sem sempre palatáveis. Os da Argentina e Brasil, que Mallaby não analisa, ilustram bem os dilemas envolvidos. Por um tempo, na Argentina, parecia que a paridade com o dólar, estimulada e elogiada pelo FMI, havia feito a mágica de fazer o país entrar definitivamente para o primeiro mundo. Diante disto, a corrupção do governo Menem e o descontrole das finanças públicas pareciam um inconveniente desagradável, mas sem maiores consequências. Depois do desastre, discute-se ainda se era a política econômica que estava errada, e que fracassaria com qualquer governo, ou se foi a irresponsabilidade das autoridades que faz o país perder uma oportunidade de ouro. No Brasil, governos democráticos e honestos como os de Fernando Henrique Cardoso e Lula nem sempre souberam definir com clareza a fronteira entre políticas necessárias de aliança e tolerância inadmissível à corrupção.

Esta complexidade não existe para os ideólogos da política e dos movimentos sociais. A maioria das organizações não governamentais do primeiro mundo, descritas por Mallaby como "a máfia de Berkeley", vê o mundo em preto e branco, e depende da mobilização constante e do impacto na mídia para continuar existindo. Mallaby examina em detalhe um caso extremo, a polêmica criada contra o projeto de financiamento de construção da represa de Qinghai na China, na região do Tibete, aparentemente de grande valor e interesse para os habitantes da região, mas contestada violentamente pelas ONGS nos Estados Unidos. "O cerco das ONGS, visível nas ruas ao redor dos escritórios do Banco em Washington, existia de forma invisível dentro do próprio Banco. Para aplacar os

135

missionários, o Banco os deixou entrar em seus domínios, criou regras que refletiam os valores dos missionários, e jurou obedecê-las. O resultado foi uma organização de desenvolvimento que foi perdendo contato com os países em desenvolvimento, uma organização que refletia a agenda dos ativistas do Norte, e não as difíceis circunstâncias de seus clientes mais pobres. "

A oposição dos círculos mais conservadores, que se intensificou a partir da presidência de George W. Bush, não era muito diferente. Por um lado, havia os que, como o Secretário do Tesouro Paul O'Neill, consideravam que o crescimento do mercado privado de capitais tornava uma instituição multilateral como o Banco Mundial desnecessária, e não viam nenhum valor em suas tentativas de agir em todas as áreas relacionadas com os temas da pobreza, sem a eficiência e a clareza de objetivos das grandes empresas privadas, como a Alcoa, de onde vinha o Secretário. Mais amplamente, o governo Bush, como principal acionista do Banco, nunca aceitou de bom grado que esta fosse uma instituição multilateral que tivesse suas políticas próprias, e não alinhadas às orientações e aos valores do governo norte-americano. Esta situação se tornou particularmente difícil depois da invasão do Iraque, quando o Banco é chamado, mas reluta, em participar do financiamento da reconstrução do país. O mundo é simples, para os conservadores americanos. De um lado, estão as virtudes do capitalismo, da democracia e do *American way of life*; de outro, o resto. Cabe a cada um decidir de que lado quer ficar, sem dúvidas, complicações e elaborações intelectuais mais complexas, que só expressam a falta de clareza moral e de convicções das pessoas. De alguma maneira, Wolfensohn consegue sobreviver ao primeiro mandato de Bush, mas, em 2005, o governo americano nomeia para seu lugar um de seus ideólogos mais conservadores, Paul Wolfowitz.

Mallaby não é um radical, e sua avaliação do Banco Mundial nos anos de Wolfensohn é balanceada. Ele critica Wolfensohn pelas tentativas de reforma institucional do Banco, que jamais poderia funcionar como uma empresa, e que sofreu grande desgaste pelos processos constantes de reorganização interna. Ele considera correta a postura do Banco em relação às políticas de ajuste estrutural do FMI, ao considerar que medidas financeiras não funcionariam por elas mesmas, e colocar o foco de atenção nos problemas de corrupção, do perdão da dívida dos países mais pobre, e do enfrentamento direto dos problemas da pobreza. Por outro lado, ele critica a tentativa do Banco de criar uma nova estratégia global de atuação, através do que ficou conhecido como o "Comprehensive Development Framework". As duas principais ideias nesta estratégia eram, primeiro, que os projetos de desenvolvimento não poderiam ser impostos pelo Banco aos países e controlados por condicionalidades, mas deveriam ser solicitados e "apropriados" por eles (a expressão inglesa é *country ownership*); a segunda era a abrangência dos projetos: não haviam prioridades, tudo precisava ser feito ao mesmo tempo – educação, saúde, reforma institucional, sistema de crédito, infraestrutura de transportes e eletricidade. . . Ainda que plausíveis em teoria, estas ideias dificilmente funcionavam na prática, pela própria relação assimétrica entre um grande Banco com muito dinheiro e países pequenos buscando adivinhar as intenções e agradar o financiador.

137

Ao final, Mallaby diz que o principal problema com a gestão de Wolfensohn foi a grande ambição de atender a todos, e fazer do Banco o grande motor do desenvolvimento e do combate à pobreza. O Banco Mundial não é um substituto para um governo mundial, o dinheiro que dispõe é só uma fração dos recursos que os países necessitam para se desenvolver, e seus milhares de funcionários, por melhores que sejam, são poucos se comparados com as grandes administrações dos países ricos ou em desenvolvimento. Não é possível, ao mesmo tempo, agradar os acionistas, atender aos ditames da política externa e interna norte-americana, obter o apoio dos governos dos países em desenvolvimento e as ONGS da "máfia de Berkeley", enfrentar a corrupção, e ajudar os pobres do terceiro mundo a se tornarem responsáveis pelo seu próprio destino. A esta ambição messiânica e desmesurada, Mallaby contrapõe a importância da humildade, que poderia fazer com que o Banco pudesse usar, da melhor maneira possível, o grande acervo de experiências e conhecimentos que tem acumulado ao longo destes anos tão tumultuados. Agora é esperar para ver.

O novo relatório do Crescimento (2008)

The Growth Report[27], documento escrito por uma comissão de notáveis liderada pelo Prêmio Nobel de economia Michael Spence, da qual faz parte Edmar Bacha, está sendo considerado por muitos como o novo "consenso de Washington", que deixa para trás as receitas simplistas de "estabilidade econômica, menos estado e mais mercado" dos anos 80, e apresenta um quadro muito mais rico e complexo dos fatores que permitem ou não o desenvolvimento econômico dos países.

O desenvolvimento que interessa não é somente o de curto prazo, que pode ocorrer por uma alta súbita dos preços das commodities, como vem ocorrendo ultimamente, mas a capacidade dos países em manter este desenvolvimento através do tempo e transformar a riqueza em benefício para toda a população. Cauteloso, o relatório começa dizendo que não existem receitas prontas, que cada país deve buscar seu próprio caminho, mas nem por isto deixa de apontar os fatores que diferenciam os países que conseguem daqueles que não conseguem se desenvolver.

O primeiro destes fatores é a abertura, não somente aos mercados, mas às ideias, tecnologias e recursos disponíveis globalmente. Estratégias de crescimento para dentro, voltadas para o mercado interno, podem ser menos arriscadas, mas não conseguem ir muito

---

[27] https://openknowledge.worldbank.org/handle/10986/6507

longe. O segundo fator são os investimentos: nenhum país consegue crescer sem altas taxas de poupança, da ordem de 20 a 25%. Estes recursos podem ser obtidos, em parte, no mercado internacional, mas o mais importante é a poupança domestica que os países são capazes de fazer.

Para que estas e outras políticas possam ser implementadas, a principal condição é a capacidade de liderança política e a eficácia dos governos, assim como sua legitimidade – a capacidade de convencer as pessoas de que o investimento no futuro vale a pena. Não é que as economias não possam crescer sem mercados, instituições e políticas adequadas, mas é um crescimento muito mais incerto, e existe sempre o perigo da "doença holandesa" - o crescimento concentrado que mata tudo o que existe em volta. Os governos devem fazer muitas coisas importantes – manter a economia em equilíbrio, desde logo, mas também cuidar da educação, da pobreza, do meio ambiente e da infraestrutura de comunicação e transportes.

Os governos devem trabalhar, também, pela institucionalização e fortalecimento dos mercados, fazendo as reformas institucionais que sejam necessárias. A economia não pode se desenvolver plenamente sem mercados, mas existe uma grande diferença entre mercados "maduros", bem institucionalizados, com regras claras sobre os direitos de propriedade, garantias dos contratos e competitividade, e os mercados selvagens que caracterizam muitas das economias dos países em desenvolvimento. Para fazer tudo isto, os governos precisam ser honestos, tecnicamente competentes e capazes de desenvolver políticas de longo prazo, de forma pragmática, que possam ir além dos ciclos eleitorais.

O relatório não chega a condenar a implantação de políticas industriais, que favorecem alguns setores da economia considerados mais dinâmicos, mas não deixa de dizer que atividades empresariais que dependem de subsídios permanentes e preços distorcidos não merecem existir. A função do governo não é proteger empresas, mas pessoas. O relatório reconhece que o desenvolvimento econômico pode gerar desigualdades, e recomenda políticas para corrigir as distorções nos extremos da distribuição de renda, sem com isto restringir a flexibilidade dos mercados.

Finalmente, o relatório reconhece a importância da questão climática, e de toda a questão dos limites ao desenvolvimento, e aí também é cauteloso. Não é verdade que o crescimento da indústria na China vai impedir o desenvolvimento em outras partes: com mais riqueza, haverá lugar para todos. E o limite para o desenvolvimento econômico e a redução da pobreza vai depender não somente dos limites da natureza, que são reais, mas de nossa capacidade para lidar com eles.

Não há propriamente novidade nestas ideias, me parece, mas, ao serem apresentadas de forma clara e coerente, por uma comissão internacional de credenciais inquestionáveis, elas podem se transformar em divisor de águas entre o que faz sentido e as ortodoxias e heterodoxias que ainda circulam tanto.

Em um mundo em que conhecimentos, mercadorias, pessoas e recursos circulam cada vez mais, como está o Brasil? Na economia, sabemos que o isolamento é muito maior do que se imagina, com exportações de bens e serviços correspondendo a somente 12.6% do PIB em 2013, na 177a posição entre os 184 países para os quais existia esta informação, disponível do site do Banco Mundial.

Em trabalho recente, publicado em *Brésil(s)*, revista do *Centre de Recherches sur le Brésil Colonial et Contemporain* [28], e também disponível em inglês[29], Luisa F. Schwartzman e eu procuramos ver o que ocorria em termos de fluxo de população, sobretudo de pessoas alta qualificação, tanto de fora para dentro quanto de dentro para fora, e o que se vê é que o isolamento também é grande. Em 1900, haviam 1.2 milhões de pessoas nascidas no exterior vivendo no Brasil, 7.2% da população. Em 2010 eram 600 mil, ou 0.3%. Não sabemos ao certo quantos brasileiros vivem no exterior, mas uma estimativa do Ministério de Relações Exteriores de 2011 era de 3.1 milhões, mais ou menos metade nos

---

[28] Schwartzman, L. F. and S. Schwartzman (2015). "Migrations des personnes hautement qualifiées au Brésil. De l'isolement à l'insertion internationale ?" *Brésil(s)* [En ligne] 7: 147-172, http://bresils.revues.org/1516
[29] https://archive.org/details/HighlySkilledMigrationInBrazilFromIsolationToGlobalIntegration

Estados Unidos, resultantes de um êxodo que teve seu início nos anos da "década perdida" de 1980.

O isolamento é uma forma primitiva de defesa, que protege empresas e pessoas no mercado de trabalho de concorrentes e imigrantes mais qualificados; e a saída para o exterior pode significar, em muitos casos, perdas importantes de pessoas qualificadas, que tiveram sua formação financiada pelo país. Mas o isolamento deixa o país fora dos fluxos internacionais de cultura, conhecimentos, informações e investimentos produtivos, sem o qual a economia não avança e a sociedade não se moderniza.

Neste trabalho, procuramos olhar mais de perto, com os dados disponíveis, quem sai do Brasil para trabalhar ou estudar, o que fazem lá fora, o que acontece com os que voltam, quem são os imigrantes que o país continua recebendo, aonde vivem e o que fazem; lembramos a grande contribuição que imigrantes estrangeiros trouxeram para o desenvolvimento da economia, ciência, tecnologia e educação superior no país, e discutimos os esforços mais recentes de internacionalização, assim como suas limitações.

Juventude, educação e emprego (2007)

O último número *dos Cadernos Adenauer*, publicação da Fundação Konrad Adenauer, tem o título de *Geração Futuro*, e inclui vários artigos sobre a juventude brasileira, inclusive um de Maurício Blanco Cossío e meu, sobre juventude, educação e emprego[30]

O ponto de partida foi a constatação de que, nos últimos anos, tem havido muitas iniciativas e programas para aumentar a empregabilidade e o nível de remuneração dos jovens que já estão ocupados, mas estas iniciativas, em geral, não têm tido bons resultados. O desemprego entre os jovens é significativamente alto quando comparado com o resto da população economicamente ativa, e está aumentando, sobretudo entre aqueles com baixa escolaridade.

A principal dificuldade tem sido superar o círculo vicioso entre um nível educacional baixo – provocado principalmente pelo abandono escolar e as altas taxas de repetência – e as condições socioeconômicas precárias enfrentadas por esta faixa populacional. É muito frequente a afirmação de que as altas taxas de evasão entre jovens de baixa renda são causadas pela necessidade dos jovens de se inserir prematuramente no mercado de trabalho. A solução derivada deste raciocínio é aparentemente óbvia: programas condicionais de renda mínima, que incentivem as

---

[30]https://archive.org/details/JuventudeEducaoEEmpregoNoBrasil

famílias a fazer com que os seus filhos permaneçam na escola.

Os resultados destes programas, no entanto, têm sido decepcionantes. No Brasil, como em outros países, estes programas podem resultar em um pequeno aumento da frequência escolar entre setores sociais de renda mais baixa, mas não mostram resultados detectáveis na melhoria do desempenho escolar, nem na redução das taxas de abandono e repetência.

Os dados nos permitem questionar a idéia de que o baixo nível educacional dos jovens é apenas produto das suas condições socioeconômicas, que explicaria a entrada prematura ao mercado de trabalho de milhões de jovens brasileiros, provocando por sua vez desemprego e baixas remunerações. Ao contrário, o que argumentamos é que o problema principal se encontra no interior do sistema educacional e, que este problema incide, principalmente, nos jovens pobres e, em consequência, nas suas oportunidades de encontrar melhores empregos. É devido à educação deficiente que as crianças pobres enfrentam maiores dificuldades e altas taxas de repetência desde os primeiros anos da escola, o que incide, posteriormente, no alto grau de evasão escolar, fazendo com que ingressem ao mercado de trabalho sem condições adequadas. Se isto é verdade, então o trabalho fundamental para romper o círculo vicioso da má educação e trabalho precário e mal remunerado precisa ser feito junto ao sistema escolar, e não no mercado de trabalho, e nem por subsídios à demanda por educação, embora políticas específicas nestas áreas possam também ter seu lugar.

O assassinato brutal de uma criança, arrastada pelas ruas por assaltantes no Rio de Janeiro, volta a colocar em pauta a questão da imputabilidade legal dos menores. Será que tornar os jovens a partir de 16 anos responsáveis pelos seus crimes melhoraria a situação?

Pessoalmente, acho que não deveria haver uma regra única. Muitos dos rapazes que chegaram a este nível de violência dificilmente se recuperam. Como disse a mãe da criança assassinada, eles já não têm coração. Na maioria dos casos, eles saem da prisão diretamente de volta para atividades criminosas, inclusive porque não conseguiriam trabalho. Como regra geral, é claro que os menores devem ter um tratamento diferenciado, voltado para a recuperação, como diz a legislação brasileira, mas os juízes deveriam ter um certo espaço para decretar punições mais severas em situações extremas - acho que é assim na Inglaterra e em outros países.

Mas o problema é muito mais sério, e não se alteraria com uma simples mudança de legislação - milhões de jovens que nunca conseguirão entrar no mercado de trabalho por não terem um mínimo de competência profissional, e criados em uma cultura de marginalidade e criminalidade nas grandes cidades. E o sistema prisional, tanto para menores quanto para maiores, é um desastre, já é imenso, e só fortalece a cultura da criminalidade.

Esta situação não tem solução de curto prazo, mas precisa ser enfrentada por vários lados ao mesmo tempo. O mais importante, e mais difícil, é criar condições para que os jovens não entrem na atividade criminosa. Isto depende de educação, e também de melhorar a condição de vida nas comunidades em que estes jovens nascem e crescem. Ao mesmo tempo, é preciso reduzir a impunidade. Grande parte dos crimes que ocorrem não são punidos, e os benefícios do sistema progressivo que permite o regime semiaberto e a liberdade condicional, que deveriam ser individualizados, acabam sendo aplicados a todos. E finalmente, o sistema prisional, tanto para menores quanto para maiores, precisa ser melhorado, dando condições efetivas de recuperação para a maioria dos presos.

Como estas coisas não são feitas, o que acaba predominando é o pior dos mundos: a violência policial e das "milícias," com o assassinato diário de grande número de jovens, criminosos ou não. Não há de ser uma simples mudança de legislação que vai resolver isto. Mas é claro também que a atual legislação não ajuda.

O que o referendo das armas (não) vai decidir
(2005)

Eu pretendo votar "sim" no plebiscito de proibição das armas, mas temo que a campanha esteja indo mal, e que o "não" acabe ganhando. A campanha pelo "sim" começou dizendo, de forma quase lírica, que ser pela proibição das armas era ser a favor da vida, e esta linha de defesa não foi muito longe. E as armas dos bandidos, quem tira? Por que que o governo, que não tira as armas dos bandidos, passa a responsabilidade para a população, e quer tirar as armas dos homens (e mulheres) de bem?

Os defensores das armas parecem que estão sucedendo em colocar a questão em termos da defesa da liberdade e dos direitos individuais, contra a intervenção indevida do Estado em nossas vidas. Já li gente inteligente dizendo que proibir as armas é tão ruim quanto exigir o uso de cinto de segurança nos automóveis, ou restringir o uso de cigarros. O fato é que, graças a estas exigências e restrições, muitas pessoas estão vivendo mais e melhor, e o custo social de atendê-las e tratá-las tem diminuído. O mesmo vale para a obrigação de usar capacetes em canteiro de obras, ou dirigindo motocicletas: quem é contra, em nome da Liberdade? É absurdo colocar as coisas nestes termos. Nos Estados Unidos, a famosa *American Riffle Association*, de extrema direita, defende o direito da posse privada de armas em nome da necessidade de proteger os cidadãos contra o estado totalitário e interventor. É disso que se trata?

Eu sou a favor de legalizar o uso de drogas, não em nome das liberdades individuais, mas conhecendo as histórias desastrosas das tentativas de proibir o uso do álcool ou a prostituição. No caso das drogas, é bastante óbvio que a proibição, inclusive de uma droga bastante inócua como a maconha, gera toda uma indústria de repressão e contravenção que não existe em relação às bebidas alcoólicas, que são um problema muito mais sério, sem que o consumo de fato de reduza.

Toda a evidência empírica mostra que restringir o comércio de armas reduz as mortes violentas, tanto nos conflitos pessoais que se resolveriam de forma menos letal se as armas não estivessem disponíveis, quanto pela maior dificuldade que os criminosos teriam de obter armas para suas ações. Os princípios libertários dos fabricantes de armas, na campanha do "não", têm a mesma credibilidade que os princípios libertários das fábricas de cigarro na defesa da liberdade de fumar.

Não é possível proibir que as pessoas fumem, mas é necessário restringir o uso e a propaganda do cigarro. O mesmo vale para as armas. Agora estamos começando a ouvir que a proibição que se pretende não é absoluta, que existe um Estatuto do Desarmamento bastante razoável já aprovado por lei, e que a realização do plebiscito não foi uma decisão "do governo", mas uma vitória do lobby das armas no Congresso para postergar ou impedir vigência do Estatuto. Tomara que ainda dê tempo para que esta mensagem correta chegue à população.

151

Não sei se todos já leram o Estatuto do Desarmamento, aprovado em lei e regulamentado pelo governo (Lei N° 10.826, de 22 de dezembro de 2003). Sem ser especialista, penso que o Estatuto é bastante rigoroso ao controlar a venda e o uso de armas, que são permitidas nos limites estreitos da lei. Mas eis que, no finalzinho da lei, no parágrafo 35, está escrito que "é proibida a comercialização de arma de fogo e munição em todo o território nacional, salvo para as entidades previstas no art. 6o desta Lei", e o artigo 6o lista quem pode fazer uso de armas: essencialmente, quem trabalha na área de segurança, ou determinados funcionários públicos, como auditores fiscais e técnicos da receita federal; e diz também que este artigo deve ser submetido a referendo popular.

A pergunta é: se ganhar o não, o que acontece com o resto da lei? Minha impressão é que nada. Continua proibido o uso de armas por particulares e sua comercialização ilegal, ou seja, para pessoas que não tenham direito de usar armas (é o que diz o artigo 17, que regula o comércio ilegal das armas de fogo, e que não está sendo votado no referendo). E se ganhar o sim? Isto só deve afetar o comércio privado de armas, porque alguém continuará tendo que fornecer armas a todos os que podem usá-las conforme diz a lei.

Então, para que serve mesmo o referendo? Só se for para argumentar depois que, como a população não concorda com a proibição da comercialização, o resto do Estatuto do Desarmamento deveria ser revogado. Seria uma maneira de derrubar o Estatuto, depois de aprovado, através da introdução de última hora da cláusula do referendo.

As campanhas do referendo, infelizmente, estão vendendo ilusões. Os defensores do "sim" dão a entender que, com a proibição das armas, estaremos reduzindo de forma importante a criminalidade e a violência no país, quando sabemos que, por si só, este tipo de restrições não vai muito longe. Os defensores do "não" parecem uma versão cabocla *do American Riffle Association*, defendendo a liberdade do cidadão de portar armas, e escondendo o fato de que esta liberdade já foi devidamente restringida pelo Estatuto do Desarmamento.

Minha conclusão é que, primeiro, este referendo não deveria existir. O Congresso deveria exercer sua responsabilidade de decidir, e todo este dinheiro que está sendo gasto poderia ser melhor utilizado. Segundo, o que está em questão é a legitimidade e vigência do Estatuto do Desarmamento. E, como estou convencido de que o Estatuto é um avanço importante em relação ao que havia antes, meu voto é "sim".

A Crise da Saúde (2005)

A crise no Rio

Sem ser um especialista no assunto, tenho tratado de acompanhar e entender a crise da saúde no Rio. Eis algumas ideias, como hipóteses a serem pesquisadas.

O que mais aparece é o aspecto político. O governo federal diz que o prefeito abandonou a saúde, e o prefeito diz que o governo federal não deu o dinheiro que prometeu. O governo estadual, que teria muito que ver com isto, não diz nada, nem aparece. Neste nível, o grande vitorioso é o governo federal, através do Ministério da Saúde, e o grande perdedor é o Prefeito. De um lado, aparece um Ministério preocupado com os problemas da população, mobilizando médicos, convocando o Exército para abrir hospitais de campanha, trazendo medicamentos de avião, descobrindo materiais e equipamentos abandonados. De outro, um prefeito aparentemente insensível, com um Secretário de Saúde com suas camisas e gravatas impecáveis, sem explicar direito à população o que está ocorrendo, dizendo que o governo federal agiu bem em chamar o problema para si, e levantando firulas legais e administrativas que podem ser até justas, mas que a população não entende. É difícil pensar em um exemplo melhor de tiro no pé, justamente quando o Prefeito ensaia seus primeiros passos para ir além da política municipal, aparecendo na TV para falar de sua competência administrativa e dos jogos pan-americanos. Alguém acredita?

Existem dois problemas de fundo que ninguém está discutindo, um gerencial, outro financeiro. Será que o modelo de organização da saúde pública brasileira, o Sistema Unificado de Saúde, o SUS, é realmente o mais adequado? A idéia consiste em fazer com que a saúde seja gerida localmente, com a participação da população, e fazendo uso dos recursos municipais, estaduais e federais. Este sistema costuma ser elogiado como o melhor do mundo, mas existem suspeitas de que ele não passe de uma jabuticaba. Pelo menos no caso do Rio, a brigalhada mostra que ele não funcionou. Talvez o problema seja que é muito difícil, se não impossível, gerenciar um sistema de saúde complexo quando o gestor não tem controle sobre o conjunto, não sabe que recursos vai receber, e tem que passar todo o tempo costurando consensos. Em um artigo recente, Bresser Pereira diz que o problema é que os hospitais no Rio são repartições públicas, quando o melhor seria se eles estivessem estruturados como organizações sociais de direito privado, como ocorre em São Paulo, onde este tipo de problema não ocorre. Pode ser. Não creio, em todo caso, que isto tenha a ver diretamente com o sistema do SUS, que seria compatível com ambos os formatos. No caso do Rio de Janeiro, seria interessante saber como será a organização, a gerência e o financiamento da saúde pública da cidade, depois de passado este momento de mobilização, em que os recursos parecem ser infinitos.

Por detrás dos problemas organizacionais está a questão dos custos. A legislação brasileira, que o SUS deve implementar, parte do princípio de que todos têm direito ao atendimento médico gratuito, a ser pago com recursos públicos. Ocorre que esta conta não fecha, e

155

tende a ficar cada vez mais desequilibrada. Na medida em que a medicina avança e a população vive mais, os custos do atendimento à saúde aumentam. O resultado é que a pressão sobre os serviços públicos aumenta cada vez mais, estourando em crises como a do Rio de Janeiro, e afastando os que conseguem pagar, que buscam a medicina privada.

Não se trata, simplesmente, de uma oposição entre medicina privada e medicina pública, nem entre medicina preventiva e medicina curativa. Hospitais públicos também precisam de equipamentos caros, manutenção dispendiosa, pessoal médico e administrativo com salários decentes, e o direito de prescrever tratamentos e medicamentos caros. Não existem soluções fáceis para isto, mas algumas coisas podem ser feitas. Uma delas seria inverter o princípio atual de que todo o atendimento médico é gratuito, e estabelecer que todo o atendimento deve ser pago, com alguma participação, ainda que pequena, dos pacientes, abrindo exceção para quem não pode pagar. Isto traria mais recursos, e, sobretudo, inibiria o uso abusivo dos serviços públicos, fazendo com que os pacientes sejam corresponsáveis. Um outro caminho é limitar o atendimento público a pessoas de determinado nível de renda, ou para problemas e doenças que o setor privado não consegue atender, inclusive enfermidades catastróficas do ponto de vista econômico.

Enfim, há muitíssimo a fazer: mudar o sistema de gerenciamento dos hospitais e outros serviços de saúde, racionalizar o uso dos recursos, direcioná-los a quem mais os necessite, e avaliar o que de fato tem ocorrido com o modelo SUS, que parece que funciona bem em algumas partes, mas não em outras. Seria ótimo se, no lugar as trocas de acusações entre as autoridades, pudéssemos ter uma discussão mais aprofundada destas questões, com os dados correspondentes.

O fim da CPMF e o melhor sistema de saúde do Mundo (2008)

Nas discussões sobre a CPMF, falou-se muito da necessidade de garantir os recursos para o financiamento do Sistema Unificado de Saúde, o SUS, que, na opinião de Osmar Terra, Secretário de Saúde do Rio Grande do Sul, em artigo *no O Globo* de 1/1/2008, é "a proposta mais avançada de política pública de saúde existente no mundo". Pena que não tem dinheiro e funciona tão mal, mesmo quando o dinheiro existe. Esta idéia da maravilha que é o SUS é muito comum entre os que trabalham na área, mas não passa de um mito, igualzinho ao de que o Brasil teria o sistema previdenciário mais avançado do mundo, que se dizia antes, mas que hoje ninguém mais fala. A crise de financiamento trazida pelo fim da CPMF deveria ser uma boa oportunidade para começar a desmontar este mito, e encarar de frente os graves problemas de saúde pública do Brasil.

O principal problema com o "avanço" do sistema de saúde, assim como o da previdência, é que eles prometem uma cobertura universal e generosa para a qual não há nem haverá recursos. Na Constituição de 1988, estava previsto que o sistema de saúde seria

157

coberto com 30% dos recursos federais do sistema da previdência social, os dois financiados pelas contribuições dos trabalhadores, empresas e governo. Quando o sistema previdenciário começou a ficar insolúvel, cessou a transferência de recursos para a saúde, que saiu da previdência e se socorreu na CPMF para continuar funcionando, embora de forma precária.

Na medida em que a população envelhece e a medicina avança, os custos do atendimento médico tendem a crescer, com medicamentos e equipamentos cada vez mais complexos, tempos prolongados de internação, e profissionais de saúde que querem ser remunerados de acordo com seus esforços e sua capacidade. Mesmo os países ricos que têm sistemas universais de saúde pública, como a Inglaterra ou a França, embora gastem cerca de 10% do PIB em saúde, encontram dificuldades crescentes para manter os sistemas funcionando. Nos Estados Unidos, que gasta cerca de 15% do PIB com saúde, as dificuldades são ainda maiores. O Brasil gasta menos de 4%. Quanto a sociedade estaria disposta a gastar? Tirando de onde? Não há solução fácil para isto, mas um bom sistema de saúde, da mesma forma que um bom sistema de previdência social, seria aquele que focalizasse os poucos recursos públicos disponíveis nas populações mais carentes e nos atendimentos mais críticos, e estimulasse a que a maior parte possível da população fosse coberta por sistemas de seguro financiados pelos contribuintes ou seus empregadores.

Além disto, a organização do sistema SUS é inviável. O princípio é que seria um sistema descentralizado, controlado pelos governos locais e conselhos comunitários, que deveriam zelar pelo bom atendimento dos serviços, mas não pela administração de recursos, que fica basicamente com o governo federal. Um sistema em que um lado só gasta, e outro paga a conta, não tem como dar certo, já que não há interesse por parte dos que gastam em usar eficientemente os recursos disponíveis. A idéia por trás deste sistema é que os recursos públicos para a saúde seriam infinitos, e apareceriam na medida em que a sociedade, através dos conselhos e administrações locais consiga se mobilizar e aumentar sua demanda.

Existem muitos outros problemas com o sistema SUS, entre os quais o do relacionamento do sistema público com o setor privado de saúde, que não há como discutir aqui. O ponto principal é que estes problemas, distorções e mal funcionamento não são acidentes de percurso e perturbações menores de um sistema que seria "o mais avançado do mundo", e sim consequências inevitáveis de um sistema ambicioso e mal concebido, que precisa ser urgentemente revisto.

A importação de médicos e o ato médico (2013)

Enquanto o governo responde às demandas da população por melhores serviços de saúde propondo a importação de milhares de médicos de Cuba, o Senado aprova a chamada "Lei do Ato Médico" que restringe a atividade profissional de enfermeiros, psicólogos e outros profissionais da saúde, que já era bastante restrita mesmo antes da lei (nos Estados Unidos e outros países, por exemplo, exames de vista podem ser feitos por

159

optometristas, e enfermeiros certificados podem fazer consultas e receitar medicamentos, dentro de certos limites). No mundo inteiro, a tendência é aumentar o número e as atribuições profissionais de enfermeiros e outros profissionais da saúde, ao invés de restringir suas atividades, como pretende fazer a lei do Ato Médico.

Assim, segundo a OECD[31], "Em 2009, a relação enfermeiro-médico variou de cinco enfermeiros por médico na Irlanda para menos de um enfermeiro por médico no Chile, Grécia e Turquia. O número de enfermeiros por médico também é relativamente baixo na Itália, México, Israel, Portugal e Espanha. A média dos países da OCDE é de pouco menos de três enfermeiros por médico [no Brasil é de menos de um. Na Grécia e na Itália, há indícios de um excesso de oferta de médicos e subfornecimento de enfermeiros, resultando em uma alocação ineficiente de recursos. Em resposta à escassez de médicos e para garantir o acesso adequado aos cuidados, alguns países têm nos últimos anos atribuído funções mais avançadas para os enfermeiros. As avaliações nos Estados Unidos, Canadá e Reino Unido mostram que enfermeiros qualificados podem melhorar o acesso aos serviços e reduzir os tempos de espera, além de oferecer a mesma qualidade de atendimento que os médicos para muitos pacientes, incluindo aqueles com doenças menores e que necessitam de acompanhamento de rotina. A maioria das avaliações mostram um alto índice de satisfação dos pacientes, enquanto que os custos se reduzem ou não se alteram".

---

[31] https://tinyurl.com/y8nstuyg

Existe certamente carência de profissionais da saúde em muitas partes do país, sobretudo no interior, mas os protestos contra a má qualidade dos serviços de saúde se deram sobretudo nas grandes cidades, aonde não faltam médicos. Há muito a fazer para melhorar os serviços de saúde no país, começando por uma reforma administrativa inteligente do SUS, mas fortalecer a reserva de mercado de trabalho dos médicos, à contramão do resto do mundo, não parece ser o melhor caminho.

Demétrio Magnoli tem razão ao alertar, no seu artigo sobre "O Censor Utópico"[32], contra a censura prévia dos programas de TV e espetáculos audiovisuais pelo Departamento de Justiça e Classificação, por Indicativa do Ministério da Justiça. Não se trata de censura no sentido de impedir que certos programas, espetáculos ou filmes sejam exibidos, nem que sejam proibidos para determinados grupos de idade. O que se busca é classificar os espetáculos e programas para os diversos grupos de idade, informar os pais e responsáveis para que regulem o acesso das crianças, e regular as horas e locais em que estes espetáculos poderão ou não ser exibidos. O risco é que esta classificação seja feita de forma ideológica, conforme os preconceitos e valores peculiares do censor e dos "voluntários" que a portaria 1.100 do Ministério da Justiça de julho de 2006, que regula esta matéria, prevê que sejam recrutados para este trabalho, sem especificar de onde sairiam.

Mas qual é a alternativa? Por quê os valores peculiares dos marqueteiros da TV ou do cinema comercial, fortemente condicionados pelos números do IBOPE, seriam superiores aos do Ministério da Justiça?

Não é uma questão simples, que se resolva protestando em nome da liberdade toda vez que alguém menciona este problema. Na sociedade brasileira como em todas, as pessoas têm valores e preferências diferentes, e não

---

[32] https://tinyurl.com/yc8m2zmj

se pode permitir nem que umas censurem a livre expressão das outras, nem que algumas poucas se deem ao direito de invadir a privacidade e ferir os valores e a susceptibilidade de setores significativos da sociedade, nem mesmo em nome das preferências da maioria. Na dúvida, o direito à expressão é sempre melhor do que a censura, mas há limites claros, como por exemplo em relação à pedofilia, ao incitamento ao racismo ou ao uso de drogas.

Fora destes limites extremos, as coisas são muito mais complicadas. A portaria diz que as classificações deverão ser feitas "de forma objetiva, democrática e em corresponsabilidade com a família e a sociedade", como se fazer isto fosse a coisa mais fácil do mundo. Na prática, pode significar, simplesmente, convidar os companheiros do Ministro ou do Secretário para participar.

A solução adotada pelos países democráticos tem sido a autoregulação. Os produtores de cinema e outros espetáculos, voluntariamente, criam suas próprias normas, códigos de ética e sistemas de classificação, buscando captar o que poderiam ser os valores predominantes da sociedade, e ajustam seus horários e conteúdos a estes padrões. Se já existisse um sistema como este no Brasil, seria muito mais difícil ao Ministério da Justiça impor sua classificação própria. Na sua ausência, a TV brasileira é uma das mais permissivas no mundo, na exibição descontrolada de cenas de sexo e violência que invadem as casas das pessoas a toda hora do dia e da noite. Na sua ausência, denúncias como as de

Demétrio Magnoli, por mais verdadeiras que sejam, perdem muito de sua credibilidade.

São poucas as instituições brasileiras que, como o IBGE, podem ostentar não somente quase um século de história, mas também a capacidade de se atualizar continuamente, e resistir à tendência tão comum na administração pública, de se contaminar pelo clientelismo ou pela politização.

Não é que não tenham havido problemas e percalços, mas, em dia de aniversário, mais vale falar das virtudes, que não faltam. A primeira, sem dúvida, é a credibilidade, reconhecida dentro e fora do país: ninguém duvida da validade de seus dados, usados por governos, empresas, meios de comunicação, pesquisadores e organizações internacionais; a segunda é a transparência, ao colocar todas suas informações para acesso imediato na Internet, tanto textos e tabelas como em microdados de uso público, para pesquisadores e analistas; a terceira é a agilidade, construída pela incorporação constante de novas tecnologias, apesar das frequentes dificuldades financeiras, e que permitiu que o censo demográfico de 2010 fosse processado e divulgado em tempo record, e que esteja agora divulgando trimestralmente a nova pesquisa contínua de domicílios e emprego, de cobertura nacional

Aniversário é também ocasião de expressar desejos, e menciono dois que precisam ocorrer para que o Instituto

---

[33] Publicado no *O Globo*, 20/05/2016

possa continuar festejando a passagem dos anos. Primeiro, uma renovação mais profunda de seu formato organizacional. O IBGE ainda mantém uma estrutura antiga repartição pública com agências locais e unidades regionais criadas quando Instituto precisava estar presente em todo o país. Hoje, ele precisaria de uma estrutura mais leve, com ênfase em uma equipe menor de alta qualidade e o uso intensivo das modernas tecnologias que já dispõe.

Segundo, uma garantia formal de autonomia. O IBGE não pode continuar sendo uma simples repartição dentro de um ministério, precisa ter um Presidente e Conselho Administrativo com mandatos definidos, e autonomia para decidir o que pesquisar e publicar conforme as diretrizes gerais do governo, mas sem interferências. É a garantia que o país precisa, e o Instituto merece.